Schwarz Bernhard Wilhelm

Ein deutsches Indien und die Teilung der Erde

Schwarz Bernhard Wilhelm

Ein deutsches Indien und die Teilung der Erde

ISBN/EAN: 9783744682268

Hergestellt in Europa, USA, Kanada, Australien, Japan

Cover: Foto ©ninafisch / pixelio.de

Weitere Bücher finden Sie auf **www.hansebooks.com**

Ein deutsches Indien

und

die Theilung der Erde.

Colonialpolitische Randglossen zur Sachlage in Afrika
und zur Congoconferenz

von

Dr. Bernhard Schwarz.

Leipzig 1884.
Verlag von Paul Frohberg.

Wie manchmal preisen wir beim Blick in die Bücher der Ge=
schichte vergangene Geschlechter glücklich, denen es vergönnt war,
Großes zu durchleben. Aber ob denn jene Menschen sich auch zu
ihrer Zeit solches Vorzuges voll bewußt geworden sind? Schwerlich
wohl. Vermag doch ein normales Auge die Gegenstände, die ihm
allzu nahe vorgehalten werden, nicht scharf zu erkennen. Sie müssen
ihm ferner treten, sollen sie deutlich gesehen werden. Es ergeht dem
Menschen gegenüber großen weltgeschichtlichen Ereignissen nicht anders.
So lange er mitten drinnen steht in ihnen, ist er nur zu häufig
nicht im Stande, ihre Größe so zu ermessen, wie wenn sie bereits
als Vergangenheit hinter ihm liegen. Auch wir machen hierin keine
Ausnahme.

Wir haben in wenig Jahrzehnten Großartigeres gesehen, als
sonst Jahrhunderte mit sich brachten. Der gewöhnlich so langsam
arbeitende Webstuhl der Zeit hat einmal sein Gewebe in kurzem Zeit=
raum vor uns sich weiterspinnen lassen. Blitzschlägen gleich, so rasch
so jäh hinter einander, haben sich weltbewegende Thaten vollzogen.
Deutschland nach langer Zerrissenheit geeint, aus allgemein ver=
spötteter Ohnmacht heraus zur tonangebenden Weltmacht über
Nacht erstarkt, eine deutsche Kaiserkrone, eine deutsche Flotte — ja,
sind denn nicht selbst die kühnsten Träume unserer Väter erfüllt,
und werden uns nicht unsere Kinder glücklich preisen, daß wir solches
Alles erleben durften? Aber wir selbst achten dessen trotz aller
patriotischen Feste, aller von Zeit zu Zeit einmal sich aufraffenden
patriotischen Begeisterung — die Leidenschaftlichkeit unseres Partei=
wesens, die die Parteiehre über das Vaterlandswohl setzt, wie nicht

1*

minder der Indifferentismus der Volksmasse sind die traurigen Be=
lege dafür — noch viel zu wenig. Namentlich gilt dies von dem
jüngsten Stücke deutscher Geschichte, dem Anfang einer deutschen
Colonialpolitik. Wohl loderte freudige Begeisterung rasch auf vom
Meer bis zu den Alpen, aber es klangen in den Jubel hinein auch
absprechende und selbst höhnende Stimmen genug. Und wie lange
wird es denn dauern, dann werden selbst in weiteren Kreisen wieder
bald allerhand Zweifel, Bedenken und Befürchtungen nach echt deut=
scher Art auftauchen. Es dürfte daher vielleicht nicht ganz unnöthig
sein, auf die Tragweite der betreffenden Schritte unseres Reichs=
kanzlers, die zu den bedeutungsschwersten zählen, die er in seinem
thatenreichen Leben überhaupt gethan, etwas tiefer einzugehen.

Eine deutsche Besitzung jenseits des Ozeans, das war etwas,
was selbst die weitgehenden Ansprüche unserer alten Burschenschafter
und der Vaterlandsschwärmer von 1849 nicht zu verlangen wagten.
Und wenn auch in unseren Tagen die Erkenntniß der Nothwendig=
keit einer Ausdehnung unserer Macht in jener Richtung immer all=
gemeiner wurde, so behauptete sich doch noch bis vor ganz Kurzem
in Tagesblättern und wissenschaftlichen Werken die Ansicht, daß es
dazu bereits zu spät, die Erde vergeben sei. Nur wenige kühne
Stimmen verstiegen sich dazu, auf irgend einen entlegenen werthlosen
Erdenwinkel hinzuweisen, den wir vielleicht, weil ihn Niemand be=
gehre, noch ohne Gefahr mit Beschlag belegen könnten. Aber selbst
angesichts derartiger herrenloser Gebiete zuckten vorsichtigere Männer
bedenklich die Achseln mit dem Bemerken, daß das weltbeherrschende
England selbst in solchen harmlosen Annexionen eine Beeinträchtigung
seiner Seeherrschaft erblicken könne. Und gewiß würde es dies auch
vor nicht langer Zeit noch gethan haben, ebenso wie unser westlicher
Nachbar Frankreich noch vor wenigen Monaten jeden Schritt Deutsch=
lands aus sich heraus als eine directe Gefährdung seiner selbst be=
trachtet und daraus Veranlassung zur Allianz mit anderen miß=
günstigen Mächten gegen den verhaßten Erzfeind genommen haben
würde. Deshalb dachten andere unserer Landsleute an eine ganz

versteckte Erschleichung colonialer Besitzungen, die sie nun einmal als dringendes Bedürfniß für uns erkannt hatten. Unvermerkt sollten wir immer größere Volksmassen in die dünnbevölkerten Länder Süd= amerikas überführen und so allmählich das altersschwache hispano= lusitanische Element dort aufsaugen. Vielen erschien selbst das noch zu gewagt. Ihre Ansicht ging dahin, von colonialen Plänen über= haupt als einer zu riskanten Sache ganz abzusehen und es als ein unvermeidliches Mißgeschick zu tragen, daß unsere stetig wachsende Production ein erweitertes Absatzgebiet nicht finde, und der Strom unserer jährlichen Auswanderung auf fremdem Boden sich verlaufe. Im besten Falle noch glaubte man es als unbedenklich ansehen zu können, wenn reiche Privatleute aus deutschen Seestädten auf eigene Rechnung und Gefahr da oder dort an einer fernen Küste sich fest= setzten, um den ungleichen Kampf mit begünstigteren Nationen auf= zunehmen.

Dies der Stand der colonialen Sache bei uns, wie gesagt, noch vor wenig Jahren, um nicht zu sagen Monaten. Daran muß man denken, um schon von vornherein einen Begriff von der Großartig= keit der jüngsten Geschehnisse zu erhalten.

Das unmöglich Scheinende ist Wirklichkeit geworden. Es giebt einen deutschen überseeischen Besitz. Und wir haben dabei nicht für= lieb genommen mit den Brosamen, die von der Herren Tische fielen, nein, wir haben mitten hineingegriffen unter die begehrtesten Ge= richte ihrer Tafel. In Afrika, dem Continente, den man das zu= künftige Provianthaus der Erde nennen könnte, dem umworbensten Erdtheile, von dem England schon längst sagte: „unser muß er werden vom Nil bis zum Tafelberge", auf dem kaum Frankreich eine auf seine räumliche Nachbarschaft begründete schwache Concurrenz auszuhalten den Muth und die Kraft zu haben schien, haben wir unvermuthet festen Fuß gefaßt, und zwar an jener seiner Flanken, die die zukunftsreichste genannt werden muß und wo daher der Kampf der betheiligten Nationen bereits am heißesten entbrannt war, an der Westseite, die vor der Ostseite, zu der von Norden her das von

den Engländern beherrschte rothe Meer den Zugang bildet, den Vor=
zug hat, daß sie in dem freien atlantischen Ozean eine weite, offene
Straße besitzt; vermöge deren sie von den Häfen Europas aus ver=
hältnißmäßig leicht erreicht werden kann, ebenso wie sich daselbst für
die Zukunft eine Verbindung mit dem vis-à-vis belegenen aufblühenden
südamerikanischen Continent nahe legt.

Mag man doch auch sagen, daß bei dem Wagniß dem Reichs=
kanzler die momentanen Verlegenheiten Englands ebenso wie der Um=
stand, daß Frankreich gerade anderwärts beschäftigt und die Stim=
mung in seinem Innern uns neuerlich merkwürdig günstig ist, zu
Gute gekommen sind. Abgesehen davon, daß die unmerkliche Ab=
lenkung des unruhigen revancheburstigen Frankreich auf das weite Ge=
biet überseeischer Politik ja doch auch zum größten Theile der ge=
schickten Mischung der Karten durch die Hand unseres großen
Staatsmannes zu verdanken ist, so muß es doch etwas Großes
heißen, daß er die glückliche Constellation so rasch zu erkennen und
zu benutzen wußte. Auf alle Fälle aber stellt jene Occupation eine
That solcher Energie dar, wie sie in der Geschichte Deutschlands leider
selten zu Tage getreten, einer Energie, die im Rückschlag ebenso
kräftigend, ermuthigend und anfeuernd auf unser eigenes Volksthum,
wie erschreckend und lähmend auf die uns mißgünstigen Nationen
wirken muß. Deutschland, das seit 1870 im europäischen Völkerrathe
tonangebend geworden ist, hat mit seiner Festsetzung in Afrika, mit
dem Jahre 1884 angefangen, seine Stimme auch im allgemeinen
Weltconcert zur Geltung zu bringen. Gewiß schon eine große Er=
rungenschaft, selbst wenn, wie kurzsichtige Politiker hämisch behaupten
wollen, die Sache „sonst weiter keinen Zweck hätte".

In Wahrheit ist aber der eben erwähnte Erfolg nur die erste
Frucht der kühnen That. Es lassen sich aber schon jetzt noch andere,
kaum minder wichtige aufzeigen.

Anerkanntermaßen haben schon seit geraumer Zeit Maßnahmen
Deutschlands auf den verschiedensten Gebieten, die zunächst allerdings
nur mit Rücksicht auf das eigene Bedürfniß und Wohl getroffen

worden waren, anregend, ja vielfach selbst als directe Vorbilder auf fremde, sogar feindselig uns gegenüberstehende Nationen gewirkt. Beispielsweise sind die meisten unserer Heereseinrichtungen vom Auslande acceptirt worden. Aber auch mehrfaches Vorgehen auf friedlichen Gebieten fand fremde Imitation. Das Bedeutsamste dürften in dieser Hinsicht die Bestrebungen der deutschen Reichsregierung zur Lösung der sozialen Frage darstellen. Sicher ist seit den Tagen der Gracchen im alten Rom nichts so Planmäßiges und Umfassendes versucht worden zur Linderung der sozialen Noth, als in und mit der betreffenden deutschen Gesetzgebung. Aber ebenso sicher hat auch seitdem nichts die innere Politik Betreffendes so viel Aufsehen erregt und so viel Beifall im Auslande gefunden als jenes Vorgehen. Es ist keine Frage, daß gar bald schon alle anderen Culturvölker, die an gleichen Uebeln, wie wir, kranken — und bei welchen wäre dies nicht der Fall —, uns auf der betretenen großen Bahn folgen werden und folgen müssen. Deutschland wird in späten Jahrhunderten als Inaugurator einer großen Weltsozialreform gepriesen werden. Unser Volk ist eben — wir dürfen es ohne Chauvinismus sagen — durch seinen Character, der eine glückliche Mischung von Thatkraft und Treue mit Demuth und Friedensliebe darstellt, zu solchen Weltmissionen hervorragend geeignet.

Eine solche scheint es aber eben auch mit seiner kürzlich eingeleiteten Colonialpolitik ausführen zu sollen und zu wollen. An die Besitznahme jener relativ kleinen Gebiete wird sich eine zeitgemäße Reform des Verhaltens der dominirenden Nationen zu den großen herrenlosen Liegenschaften der Erde, eine neue Epoche des betreffenden Theiles des Völkerrechtes, beziehentlich erst die Neuschaffung dieses letzteren anschließen. Die rein formellen Occupationen fremder Ländereien, durch die irgend eine Macht das oder jene Gebiet für sein Eigenthum erklärt, nur um es einem Mitbewerber zu entziehen, die Raubcolonisation — um einen solchen nach Analogie des dem Bergbau entlehnten Wortes „Raubbau" gebildeten Ausdruck zu gebrauchen —, die irgend ein Land, eine Insel, eine Küstenstrecke mit Beschlag

belegt, nur um sie mit hundertprozentigem Gewinne für sich rasch
auszubeuten, ohne dem annectirten Gebiet auch Cultur zu bringen
und es durch ehrliche Arbeit dem Weltganzen dienstbar zu machen,
wozu es doch naturgemäß berufen ist, diese Art von Acquisitionen,
dieses überhastete, schacherartige, rein merkantile, plan= und systemlose,
selbstsüchtige, rücksichtslose und ungerechte Zusammenraffen von über=
seeischen Ländereien soll ein Ende nehmen, die Besitznahme eine mehr
sachliche werden, das herrenlose Erdreich als Allgemeingut auch ge=
recht, das heißt nach den Ansprüchen, die die Staaten auf Grund
natürlicher, wie z. B. der Nachbarschaft, sowie erworbener Rechte,
wie des Culturgrades und culturellen Könnens, erheben können, ver=
geben werden. Von dem Eintritt Deutschlands in den Bewerb um
colonialen Besitz an soll eine gerechte und geregelte, allgemein an=
erkannte und darum auch friedliche Theilung der Erde stattfinden!
Welch eine große Idee; welch ein erhabenes, riesenhaftes Seitenstück,
dieser Plan Bismarcks, zu dem ominösen Werke der Theilung des
kleinen Polen, das von einem seiner Vorgänger ausgegangen!

Allerdings wird die projectirte internationale Regelung auch
Nachtheile bringen, aber doch lediglich für die Nationen, die bisher
solchen Raubbau getrieben haben, wie namentlich das mit dem Fette
fremder Länder gemästete England; für alle anderen Völker aber
dürfte es ein Friedens= und Segenswerk im eminentesten Sinne werden.

Und da nun die Congoconferenz, der die große Aufgabe ge=
steckt ist, sich an den Anfang deutscher Colonialpolitik anschließt, ja
aus demselben herausgewachsen ist, so haben wir hier eine weitere
Frucht, die unser Vorgehen gezeitigt hat, noch ehe wir von einem
directen Nutzen der jungen Besitzthümer selbst gesprochen haben.

Treten wir nun schließlich dem letzteren selbst nahe! Bekannt=
lich legt das große Publikum denselben durchaus nicht gleichen Werth
bei. Die äquatorialen Erwerbungen, namentlich jene am Cameruṇ=
flusse, sind ihm mit all seinen in der That großartigen Naturreizen
gezeichnet worden: Palmenbedeckte Niederungen und dahinter die
waldigen Flanken himmelragender Berge! — Das in Südafrika occu=

pirte Terrain steht dagegen als nackte, klippige Felsenwüste vor seinen Augen. Dort reiche Bevölkerung und tropische Ueppigkeit, also Aussicht sowohl auf guten Absatz unserer Industrieerzeugnisse wie auf billigen Erwerb schätzbarer Rohproducte. Hier dagegen weder Menschen noch Naturgaben, also auch vorläufig wenigstens weder Aussicht auf Import noch Export. Allerdings betonen Einige den nachgewiesenen Reichthum des Gebiets an werthvollen Metallen, aber nur um von Anderen auf den in der That unanfechtbaren Erfahrungssatz hingewiesen zu werden, daß Bergbau allein nie wenigstens eine dauernde Blüthe für ein Land ergeben hat. Ungleich wichtiger als die ehernen Bodenschätze sind die, die der Landmann dem Erdreich entnimmt, denn diese wachsen mit der vermehrten Ausbeute, während jene mit derselben rasch abnehmen. Und so steht denn schon jetzt vor Mancher Augen Angra Pequena als ein Land, das, nachdem die Metalladern erschöpft sind, mit traurigen Halden bedeckt und durchwühlt liegen bleibt, ähnlich wie die Diamantfelder des nicht allzu fernen Kimberley. Sie sehen es schon im Geiste noch öder geworden durch den Bergbau, als es jetzt bereits ist.

Und doch ist Lüderitzland ungleich werthvoller als Wörmannsland. Der nächste Grund hierfür ist schon oft genug betont worden. Er liegt in dem Umstande, daß wir entschieden nicht nur Handelscolonien, das heißt gesicherte Absatzgebiete für unseren Waarenüberschuß, sondern auch Ackerbaucolonien, richtiger Absatzgebiete für unseren Menschenüberschuß nöthig haben. Allerdings wird dies letztere noch immer vielfach bezweifelt. Giebt man auch zu, daß einzelne Theile unserer Heimath übervölkert sind, so glaubt man doch, diesem Uebelstand durch einfachere, näher liegende Mittel als durch Menschenexport begegnen zu können. Man weist hin auf die zahlreichen thatsächlich dünn bevölkerten Landstriche in unserem Norden, auf Mecklenburg, Ostpreußen, oder gar auf die großen Oldenburg = Hannoverschen Haideregionen, diese wirklichen deutschen Wüsten, wo allerdings noch Platz für Millionen, aber zuvor auch Arbeit für Millionen sein würde. Man meint, eine Transportation des Menschenüberschusses

aus den überfüllten in diese leeren Ländereien werde jene genügsam
entlasten und zugleich diesen zu Gute kommen. Indes nur ganz
kurzsichtige Menschen vermögen die fast nicht zu bewältigenden
Schwierigkeiten zu übersehen, die einem solchen Vorgehen im Wege
stehen. Daher hat man vielfach andere Auskunftsmittel in Vorschlag
gebracht. Lasse man doch, sagt man, die Bevölkerung in unseren
Industriebezirken sich immer noch mehr verdichten. Wenn man nur
durch Aufsuchen ausgiebigerer Absatzgebiete für deren Production,
sei es im In= oder Auslande, auch vermehrte Abnahme und damit ver=
mehrten Lohn beschafft, so kann von einer Uebervölkerung in
üblem Sinne nicht die Rede sein. Zur Bekräftigung dessen weist
man unter Anderem auch auf die auffallende Thatsache hin, daß die
starke deutsche Auswanderung sich nahezu gar nicht aus den dicht be=
völkerten Industriegebieten, sondern fast nur aus den dünn bewohn=
ten Landstrichen heraus rekrutirt. Man bedenkt aber nicht, daß dieses
Verhältniß nur unnatürlich erscheint, in Wirklichkeit aber naturge=
mäß ist, ja gar nicht anders sein kann. Nicht das Bedürfniß zum
Auswandern, wohl aber die Möglichkeit dazu fehlt zumeist unter
den Arbeitern. Sie haben keine Mittel, die Ueberfahrt zu bestreiten,
und dürfen, bei der in unseren Fabriken in der Regel bis ins Kleinste
durchgeführten Arbeitstheilung, ebenso wenig hoffen, im fernen meist
industrieärmeren Lande gleich eine ihrer einseitigen Ausbildung ent=
sprechende Beschäftigung zu erhalten, während dagegen der kleine
Grundwirth bei dem hohen Werth, den die Grundstücke bei uns
trotz des geringen Ertrags, den der Ackerbau hier zu Lande liefert,
haben, durch Verkauf seines europäischen Besitzthums leicht ein Kapital
erhält, das ihm bei dem höheren Geldwerth im überseeischen Gebiete
und dem niedrigeren Preis des Bodens dort die Möglichkeit gewährt,
ein größeres und schon darum, dann aber auch des meist noch
weniger ausgenützten Erdreichs wegen ergiebigeres Landgut zu er=
werben. Endlich sollten die, die der Gefahr einer Uebervölkerung
lediglich durch vermehrten Absatz der Industrieproducte begegnen zu
können hoffen, auch in Erwägung ziehen, daß es angesichts der

stetig und rapid wachsenden Zahl unserer Bevölkerung auf die Dauer wenigstens ganz unmöglich erscheint, auch unseren Export in gleichem Prozentsatz zu vermehren.

Indes es kommt nicht einmal darauf an, ob wir Uebervölkerung haben oder nicht, ob die Auswanderung berechtigt ist oder unnöthig; die Thatsache der Auswanderung ist gegeben. Sie läßt sich eben= so wenig durch nationalökonomische Raisonnements wie etwa durch freundliche Einwirkung auf die Menge, noch endlich gar durch Gewalt bezieh. Erschwerungsmaßregeln wegbringen. Sie ist da, sei es nun, daß sie einem wirklichen Nothstande oder nur dem allge= meinen Wandertriebe der germanischen Rasse, die in der That zu dem Auswandererstrome das stärkste Contingent stellt, oder endlich einem gewissen, speziell dem deutschen Stamme innewohnenden Pessi= mismus, der das Heimische stets unter=, das Fremde stets überschätzt, ihren Ursprung verdankt. Läßt sich aber die Thatsache weder leugnen noch aufheben, so sollte man ihr auch nicht gleichgiltig gegenüber= stehen bleiben und etwa die jährliche Auswanderung als einen heil= samen Aberlaß für unseren Volkskörper ansehen, mag das abge= zapfte überflüssige Blut hinkommen, wohin es wolle. Nein, rechnende Nationalökonomen haben längst nachgewiesen, welch einen großen Verlust an Arbeitskraft und selbst an baarer Münze die alljährlich über unsere Grenzen hinaus strömende, meist doch im besten Alter befindliche und in der Regel wenigstens selbst mit einem kleinen er= sparten Kapital ausgerüstete Menschenmasse für unser Staatswesen bedeutet. Wir wollen die auf Heller und Pfennig durchgeführte und mit Milliarden arbeitende Rechnung jener Männer hier nicht wieder= geben. Es genüge zu sagen, daß, gerade so wie man im bürgerlichen Leben zu behaupten pflegt: „zehnmal umgezogen ist ebenso schlimm wie einmal abgebrannt", man gleicher Weise berechtigt ist, für das große Staatsleben den Grundsatz aufzustellen: zehn Jahre so starker Auswanderung, wie wir sie nun schon seit lange haben, wiegen nicht weniger als ein Kriegsjahr mit schlimmstem Ausgange. Dazu kommt, daß die Schädigung, die die Auswanderung bringt, eine zweifache ist.

Nicht nur, daß unser Volkswesen jene berechneten Summen verliert, dieselben müssen auch noch dazu dienen, den Nachbar zu bereichern und seine Kraft zu vermehren.

Deshalb sollte man endlich in Ernst daran denken, die von dem mächtigen Baume unseres Volksthums abfließenden überschüssigen Säfte, statt sie auf fremdem Felde sich verlaufen zu lassen, auf eigenen Grund und Boden überzuleiten.

Wird das aber möglich sein? Das ist es, was Viele von denen, die die Nothwendigkeit einer solchen Maßregel zugestehen, bezweifeln zu müssen glauben. Nordamerika, so sagen sie, ist nun einmal das althergebrachte Ziel unserer auswanderungslustigen Bevölkerung. Die große Masse pflegt in solchen Dingen sehr stabil zu sein, und darum wird es nicht gelingen, wenigstens en masse sie von dort ab= und nach einem anderen Gebiete hinzulenken. An Beweisen für diese Behauptung scheint es auch nicht zu fehlen. Noch immer hält die Wallfahrt nach den Vereinigten Staaten an, obwohl die Chancen für den Einwanderer dort immer schlechter geworden sind und obwohl andererseits, namentlich in Südamerika, die Verhältnisse dagegen recht günstig liegen. Indes man muß bezüglich gerade des letztgenannten Gebietes erwägen, daß, abgesehen davon, daß ja dort in Wirklichkeit schon ein recht ansehnlicher Stamm deutschen Elementes sich befindet, einer ausgedehnteren Einwanderung unserer Leute daselbst Manches im Wege steht. Die Entfernung ist groß, die Fahrt dahin lang und kostspielig. Ferner herrschen über die in Wahrheit so günstige Natur der in Frage kommenden südbrasilianischen Provinzen in der großen Volksmasse noch viele irrige Meinungen, namentlich bezüglich des Klimas, das man infolge einer Verwechselung mit dem äquatorialen Norden jenes ausgedehnten Kaiserreiches nur zu häufig für ein tropisches ansieht. Auch sind bei der Heranziehung deutscher Einwanderer dortselbst durch gewissenlose Agenten und dergleichen bis in die Neuzeit herein so viele grobe Fehler gemacht worden, daß es den Leuten, die sicher gehen wollen, nicht zu verargen ist, wenn sie Bedenken tragen, dahin ihren Weg zu nehmen

— 13 —

Endlich und nicht am wenigsten kommt in Betracht, daß die Regierung, das Religionswesen, ja mehr oder minder die gesammten Verhältnisse dort, wenngleich in mildester Weise, doch einen unserem Volke fremden, den romanischen Stempel tragen. Der deutsche Auswanderer möchte aber naturgemäß in der Fremde eine bis ins Einzelne möglichst genaue Copie der alten trauten Heimath, deutsches Klima, deutsche Luft, deutsches Wesen finden. Das bietet ihm verhältnißmäßig am meisten die nordamerikanische Union und deshalb, nicht bloß aus Gewohnheit, fluthet der Hauptstrom so beharrlich dorthin. Es gab bisher von dem erwähnten Gesichtspunkte aus kaum eine Wahl. Wird aber unserem Volke das Verlangte wo anders gleichfalls geboten, so wird es auch dorthin gehen. Ja, wenn das betreffende Gebiet sogar deutsches Eigenthum ist, wird es — so viel Patriotismus wohnt schon noch selbst in Europamüden — das betreffende Land bevorzugen. Die zahllosen Anfragen und Anträge, mit denen Herr Lüderitz nach eigener Aussage vom ersten Tage seines neuen Besitzstandes an wahrhaft überschwemmt worden ist, dürften dies evident beweisen.

Es fragt sich aber nun, wird denn dieser letztere, das Gebiet von Angra Pequena, wirklich im Stande sein, das geeignete Terrain für eine deutsche Ackerbaucolonie zu liefern? Nun, endgiltig kann diese Frage erst gelöst werden, wenn die von Herrn Lüderitz ausgesandte Untersuchungsexpedition ihre Aufgabe vollendet haben wird. Indes vorläufig und mit annähernder Gewißheit kann man dem ganzen Unternehmen schon jetzt nur ein günstiges Prognostikon stellen. Die Entfernung von Deutschland ist zwar größer als die zwischen Europa und Nordamerika, aber nicht ganz so groß als die zwischen hier und Südamerika, vor allem aber die Seefahrt nach einer südafrikanischen Küste, weil meist in Sicht des Landes sich haltend und viele Inseln passirend, eine angenehmere, weniger beängstigende als die Fahrt quer über den unermeßlichen, öden Ozean. Betreffs des noch wichtigeren Punktes, des Klimas, läßt sich ebenfalls Günstiges sagen. Das neue Besitzthum ist, obwohl räumlich

noch in die subtropische und selbst tropische Region fallend, doch in
Folge des bekannten Umstandes, daß die Südhalbkugel der Erde
etwas kälter ist als die nördliche, im Allgemeinen als ein gemäßigt
warmes zu bezeichnen, unseren heimathlichen Verhältnissen nicht ganz
unähnlich, nur etwas milder, was gewiß nichts schaden kann.

Viel weniger Erfreuliches scheint ein Blick auf die Bodenbeschaffenheit zu bieten. Das Land ist, soweit man es bis jetzt
kennt — und dies gilt allerdings nur von dem Küstengebiete, das
Innere ist fast absolut unbekannt — äußerst steril und öde. Aber
das mag man als Uebelstand betrachten, ein absoluter Hinderungsgrund
ist es noch nicht. Es fragt sich nur, ist die Unfruchtbarkeit eine
definitive, bleibende, oder eine solche, die nur zur Zeit vorhanden ist
und die menschlicher Anstrengung weichen muß.

Zur Lösung dieser wichtigsten aller Fragen muß zunächst auf
die durch neuere Forschungen immer bestimmter constatirte Thatsache
hingewiesen werden, daß absolut unbrauchbares Land — abgesehen von
den polaren Gebieten — auf dem Erdball nur in geringer Ausdehnung vorhanden ist. Die alte Zeit dachte hierüber bekanntlich
anders. Ihr galten ausgedehnte Landstriche als unbewohnbar und
uncultivirbar, die heuzutage dicht besiedelt und wohl bebaut sind.
Schon wenig jenseits der Mittelmeerzone, sowohl nach Norden als
nach Süden hin, dachte man sich damals, in Folge der Kälte dort,
in Folge der Wärme hier, alles Leben unmöglich gemacht. Ja ein
gut Theil dieses Irrthums pflanzte sich bis in unsere Zeit fort.
Wie lange ist es denn her, daß man die äquatorialen Regionen
Afrikas für menschenleer und verbrannt hielt und auf die Karten
an jenen Stellen die Inschrift setzte: „Unbewohnbares Land"? Und
die ausgedehnte Halbinsel Kamschatka beispielsweise gilt noch jetzt im
Allgemeinen als ein wenig nützes Stück Erde, wiewohl es sich heraus-
gestellt hat, daß sie als einer der günstigsten Weidegründe der Erde
dienen könnte.

Aber selbst wo man sich nicht täuschte, wo in der That eine
Wüste vorlag, ist es in zahllosen Fällen nicht dabei geblieben. Es

ist eine noch nicht genug gewürdigte, große, herrliche Errungenschaft vorzugsweise unserer Zeit, daß auch diese weißen Stellen der Landkarten immer mehr zusammengeschmolzen sind. Selten hat sich die Größe menschlichen Geistes und die Stärke menschlicher Treue glorreicher gezeigt, als in diesen Siegen über eine spröde Natur.

Wir sind so glücklich, dergleichen im eigenen Vaterlande aufweisen zu können. In den fürchterlichen Haidemooren Ostfrieslands zum Beispiel sind in den letzten Jahrzehnten durch das System der sogenannten Fehncolonien, das heißt durch Anlegung von Canälen und Abstechung des Torfes, bereits gegen 15,000 Hektare nutzbaren Bodens dem Vaterlande gewonnen und aus Stätten des Todes in freundliche Culturflächen umgewandelt worden. Auch das in jüngster Zeit erst durchgeführte Werk der Bewässerung der Rauhen Alp dürfte hierher zu rechnen sein. Im übrigen Europa fehlt es ebenfalls an ähnlichen Errungenschaften nicht. Man denke beispielsweise an die französischen „Landes,“ jene ungeheure Steppe zwischen der Garonne und den Pyrenäen, die seit der Anregung durch den trefflichen Necker mit Meerfichten und Korkeichen bepflanzt worden ist und bereits einen recht ansehnlichen Ertrag abwirft. Selbst die ödeste Partie unseres Erdtheils, die absolut kahlen Felswälle der dalmatinischen Küste, die einst schon ein Waldgebirge gewesen, aber nach der Abholzung der dürftigen Humuskruste durch Sturm und Regen entkleidet worden sind, werden mit der Zeit ihre abschreckende Nacktheit wieder verlieren, nachdem die österreichische Regierung, wenngleich unter außerordentlichen Mühen daselbst neue Pflanzungen unternommen hat.

Sogar außerhalb Europas, des Sitzes der modernen Cultur, sind ähnliche Bestrebungen schon hervorgetreten. Wir beschränken uns hier auf Afrika, dessen unermeßliche Sahara die bekannteste und gefürchtetste aller Wüsten darstellt. Bekanntlich gab es eine Zeit, wo man glaubte, dieselbe durch Inundirung zum Heil der Menschheit in ein Binnenmeer verwandeln zu können. Seitdem man weiß,

daß sie, weit davon entfernt, eine ungeheure Einsenkung unter dem
Spiegel des Ozeans darzustellen, vielmehr ein Land wie andere
Länder, eine Abwechselung von niedrigeren und höheren Partien,
von Ebenen, Thälern und Gebirgen ist, und daß dabei die letzteren
überwiegen, hat man selbstverständlich diese Idee fallen lassen. An
ihre Stelle aber ist eine andere getreten, die, obgleich ihre Aus=
führung auf ganz immense Schwierigkeiten stoßen wird, doch eine
viel besonnenere und fruchtbarere genannt zu werden verdient. Dies
ist die Idee einer wenigstens theilweisen Urbarmachung beziehentlich
Bewaldung der ungeheuren Einöde.

Das scheinbar groteske Unterfangen stützt sich zum nicht ge=
ringen Theil auf die neuerdings genauer untersuchte und jetzt an=
nähernd festgestellte physische Beschaffenheit der Sahara. Sie ist
nämlich nicht ein absolut regenloses Gebiet — auch diese gehören
glücklicherweise zu den größten Seltenheiten der Erde —, sondern
nur sehr regenarm. Ohne Zweifel ist sie auch dies nicht einmal
immer gewesen, sondern auf noch unerklärte Weise, vielleicht durch
einschneidende atmosphärische Veränderungen, möglicherweise auch
zum Theil durch systematische Verwüstung eines früheren reichen
Waldbestandes, erst geworden. Ebenso wenig darf man sie als einen
ehemaligen, später gehobenen Meeresboden ansehen, obwohl es alte
Seenbecken in ihrem Bereiche genug giebt. Ihre Sandmassen, die
beiläufig nicht einmal so ausgiebig vertreten sind, wie man gemeinig=
lich glaubt, sind Producte einer durch atmosphärische Einflüsse,
namentlich die dort herrschenden außerordentlichen Kälte= und Hitze=
extreme, bewirkten Zersetzung des anstoßenden Gesteins, namentlich
häufig vorkommender Sandsteingebirge. Alle diese Momente, dar=
unter vor Allem der durch noch vorhandene trockenliegende Fluß=
betten bezeugte frühere günstigere Charakter der Sahara, legten noth=
wendigerweise den Gedanken nahe, daß hier auch jetzt noch etwas
zu thun sei. Wenn nur Wassermangel die Calamität verursacht,
so mußte die Beschaffung von Wasser auch Abhilfe bringen.
Ebenso vermuthete man zumeist mit Recht, daß unter den gewisser=

maßen nur markirten Flußrinnen in Wirklichkeit unterirdische fließende Gewässer vorhanden seien, die die Natur wie zum Schutz gegen die wasserfeindlichen Sonnenstrahlen dort sich habe eingraben lassen. Man kennt heute den vielfach durch sporadisches oberirdisches Wachsthum verrathenen Lauf einer ganzen Reihe solcher unterirdischer Flüsse und die französische Regierung hat in der algerischen Sahara dadurch, daß sie Brunnen auf diese verborgenen Reservoire abteufte, auch schon ganz beträchtliche Wasserschätze erschlossen. Diese letzteren aber haben überall, wo sie auftraten, in kurzer Zeit einen wahrhaft staunenswerthen vegetabilischen Reichthum aus dem nackten Sande hervorgezaubert. Oasen mit Wäldern von Dattelpalmen sind erstanden und da der Hektar Boden, mit letztgenannten Bäumen bepflanzt, einen Jahresertrag von ca. 2000 Frcs. liefert, während die gleiche Bodenfläche im üppigen algerischen Küstengebiet bei Getreidebau nur 200 Frcs. abwirft, so haben also jene Bemühungen das staunenswerthe Resultat gehabt, daß Theile der vorher so gefürchteten Wüste jetzt einen zehnfach höheren Gewinn ergeben, als das beste Culturland der gesegneten Provinz.

Wir sind auf alle diese Verhältnisse etwas näher eingegangen, weil sie für die Beurtheilung der Naturbeschaffenheit von Lüderitzland verschiedene Anhaltspunkte bieten.

Bildet doch Lüderitzland mit der hinter ihm liegenden Kalahari-Wüste gewissermaßen ein südliches Seitenstück zu der im Norden des afrikanischen Continents belegenen Sahara, wenngleich ohne Zweifel die Sterilität dort eine viel relativere ist, als hier. Diese letztere ist weiter auch in den südafrikanischen Wüsten keine ursprüngliche, sondern eine erst gewordene. Ebenso ist ihre Ursache hier gleichfalls die Wasserarmuth. Deutlich erkennbare alte Seebecken und trockene Flußbetten bezeugen es, daß die Verhältnisse hier früher günstiger lagen, deuten aber auch darauf hin, daß, wenn man hier wieder mehr Wasser schaffen könnte, auch die Natur wieder in reicherem Gewande erscheinen würde. Ohne allen Zweifel nehmen ebenso wie viele Gebiete der Sahara so auch die Steppenländer

2

zwischen Congo und Oranjefluß an der wunderbaren Eigenschaft der
afrikanischen Erde, treibhausartig zu produziren, sobald nur das be=
fruchtende Naß vorhanden, Antheil. Das beweisen die bewässerten
Gärten der Missionsstationen, in denen die Obstbäume unserer nor=
dischen Regionen mit Orangen, Bananen und Dattelpalmen im Be=
treff der Ueppigkeit und Fruchtbarkeit wetteifern. Das beweisen
ferner auch die dürren Ebenen, die sich nach jedem Regen ganz
ähnlich wie die sandigen Südhänge der algerischen Wüstenkette in
einen Blumenteppich verwandeln.

Gewiß, könnte man hier Wasser schaffen, würde es an Nichts
fehlen. In richtiger Erkenntniß dieses Umstandes hat darum Herr
Lüderitz denn auch vor allem Bohrungen auf Wasser in seinem
jungen Besitzthum angeordnet. Werden dieselben von Erfolg be=
gleitet sein? Gewiß läßt sich dies jetzt noch nicht sagen. Aber der
Vergleich mit der Sahara legt es nahe, das Beste zu erwarten. Auf
den noch sichtbaren Spuren früherer Wasseransammlungen läßt sich
vielleicht ebenso wie dort ein noch vorhandener unterirdischer Wasser=
reichthum auffinden und der Oberwelt wieder zurückgeben.

Es ist Solches um so mehr zu erhoffen, als das betreffende
Gebiet nicht, wie die Sahara, ein nahezu regenloses, ja nicht einmal
ein regenarmes Terrain, sondern nur ein Land mit sehr ungleich
vertheilten Niederschlägen genannt werden muß. Alle Berichterstatter
betonen, daß nach längerer Dürre häufig furchtbare Gewitter mit
intensiven Regengüssen auftreten. Die rauschende Wassermasse ver=
liert sich dann auf dem zerklüfteten, theilweise kalkigen Boden freilich
schnell, aber dies berechtigt nur um so mehr zu der Vermuthung,
daß sie sich in der Tiefe zum Theil wenigstens wird wieder finden
lassen, zumal die Abdachung, die das Land als Ganzes aufweist,
nicht nach fremdem Territorium, sondern nach der occupirten Küste
hingeht.

Indes auch wenn dies nicht oder nur ungenügend gelänge, so
läßt die eben erwähnte Thatsache, daß es an Niederschlägen nicht
fehlt, auch noch eine andere Möglichkeit zu, das Terrain zu be=

wässern. Man muß der launischen Natur zur Hilfe kommen und das, was sie da oder dort einmal zu reichlich spendet, für die Zeiten des Mangels aufsparen.

Dieses System wird schon längst in verschiedenen Gegenden der Erde mit Glück angewandt. Bekanntlich handhabten es bereits die alten Mauren in Spanien, und man weiß auch, mit welch glänzen= den Erfolgen. In neuester Zeit hat sich auf diesem wichtigen Ge= biete namentlich Frankreich als Erbe der maurischen Hinterlassenschaft in Algerien hervorgethan. Bereits ist es ihm gelungen, ausgedehnte Partien der sogenannten Scheliffebene südöstlich hinter Oran aus einer dürren, verbrannten Steppe in einen exotischen Wundergarten zu verwandeln, auf welchem Zuckerrohr und andere werthvolle Kinder der Tropen prächtig gedeihen. Man hat dies erreicht mittelst der sogenannten Barrages, Anlagen, die, wie fast alle großen und genialen Erfindungen, ebenso einfach wie wirksam sind. Man zog quer über das Bette eines der dortigen kleinen Flüßchen, die nur zur Regenzeit Wasser haben, sonst aber während des ganzen Jahres trocken liegen und den umgebenden Ländereien so gut wie nichts nützen, einen mit Schleußenpforten versehenen, gemauerten, starken Damm, hinter welchem sich mit der Zeit ein großer See anstaute. Auf diese Weise erhält man ohne besonders hohe Kosten ausgiebige Reservoire. Bei= spielsweise enthält der Stausee von Perregaux, derselbe, der im vorigen Jahre unglücklicherweise seinen Damm durchbrach, nicht weniger als 14 Millionen Kubikmeter Wasser. Die Anlagekosten be= trugen 4 Millionen Francs. Sie wurden von einem Consortium bestritten, welches als einzige Entschädigung für die gehabten Un= kosten 25000 Hektar Land in der bewässerten Ebene erhielt, und da= mit noch einen bedeutenden Gewinn erzielte. Die betreffende Damm= mauer ist 478 m lang und 40 m hoch. Sie verjüngt sich nach oben in der Weise, daß sie am Fuße gegen 39 m, auf der Höhe aber nur noch 7 m dick ist.

Derartige eminent practische Anlagen würden aber in Lüderitz= land um so mehr Erfolg haben, als — ohne Zweifel bedingt durch

2*

öftere und ausgiebigere Regen, für deren wirkliches Auftreten wir somit einen neuen Beweis haben — die dortigen Flüsse viel öfter und viel intensiver anwachsen, als die periodischen Gewässer in Nordafrika. Wenigstens darf man dies schließen aus dem entsprechenden Verhalten der daraufhin wiederholt beobachteten Nebenflüsse des Oranjestromes und dieses selbst. Beispielsweise steigt der letztere häufig und zwar mit rapider Schnelligkeit gleich bis 10 m über seine gewöhnliche Höhe und nimmt dann stellenweise eine Breite von fast 4 Kilometer an.

Schließlich würde sich das Klima des Landes auch durch die Cultur direct verbessern, da dieselbe bekanntlich gar nicht unerhebliche Rückwirkungen auf jenes auszuüben vermag. Namentlich müßte sich durch die Anpflanzung von Wäldern die Bildung von Dünsten und damit die Vermehrung der Niederschlagsmengen ebenso heben, wie dies schon durch die Schaffung größerer stehender Gewässer der Fall sein würde. Ueberhaupt könnte man dann auf gleichmäßigere meteorologische Verhältnisse, namentlich gleichmäßiger vertheilte und weniger in Form tropischer Gewittergüsse auftretender Regen hoffen.

Indes kann man auch jetzt schon mit Sicherheit darauf rechnen, daß die an der Küste allerdings so grell sich zeigende Wasserarmuth, wie sie nach bereits vorliegenden Beobachtungen landeinwärts allmählich abnimmt, wenigstens tiefer im Innern fast ganz normalen Zuständen weicht. Es legt eine solche Annahme schon ein vergleichender Blick auf den auf gleicher Hemisphäre belegenen Theil von Südamerika nahe.

Hat doch die Südspitze dieses Continents schon in der Form Aehnlichkeit mit dem entsprechenden Theile von Afrika. Diese Analogie dürfte auch in der Sache vorhanden sein. Welche Verhältnisse finden wir nun da drüben? Fast unter den gleichen Breitengraden und ebenfalls an dem Westgestade treten uns Küstensäume von noch größerer Oede, darunter beispielsweise die sogenannte Wüste Atakama entgegen, währenddem die östlich belegenen Gebiete vom atlantischen Ozean bis an die Wälle der Cordilleren wasserreich und fruchtbar find. Der Grund für diese auffällige Erscheinung liegt bekanntlich darin, daß der südamerikanische Continent nicht von dem stillen, sondern von dem atlantischen Ozean her von Winden, den sogenannten atlantischen Passaten, getroffen wird, also auch nur von Osten, nicht von Westen her seine Dunstmassen empfängt. Diese letzteren aber vermögen bei ihrem Zuge in der gedachten Richtung, während dessen sie naturgemäß schon viel von ihrer Feuchtigkeit über die östlichen Tiefebenen entladen, um so weniger noch bis zu der ja auch so fernen Westseite zu gelangen, als sich ihnen das gewaltige Anden= gebirge entgegenstellt, an dessen Ostflanken sie dann hängen bleiben, um so gleichfalls nur dem Ostgebiete zu Gute zu kommen. Selbst in dem Falle, daß sie hoch genug streichen, um die mächtige Barrière zu überwinden, geht die Westpartie leer aus, da in Folge der ge= ringen Breitenentwicklung derselben die endlich niedersinkenden Wol= ken nicht mehr auf das Land, sondern weit draußen in den Ozean fallen.

Ganz ähnlich und zwar in Folge der nämlichen Ursachen liegen die Verhältnisse in dem entsprechenden Theile von Südafrika. Da die atlantischen Passate in der Richtung auf Amerika wehen, bleibt hier ebenfalls die Westküste von der directen Versorgung mit Wasserdämpfen ausgeschlossen. Die Ostküste dagegen steht wiederum voll unter dem Einflusse jener günstigen Winde, die in diesem Falle von dem indischen Ozean heranwehen. Daß dieselben aber zugleich auch der Westküste zu Gute kommen, bis dahin ihre wohlthätigen Wirkungen ausdehnen, dem steht auch hier wieder, geradeso wie drüben in Südamerika, eine Gebirgsbarriere entgegen. Ja und hier liegen diese Verhältnisse im Einzelnen noch ungünstiger als dort. Da drüben steht der Bergwall weit im Westen, so daß der den Meeresdünsten zugängliche Theil ein unverhältnißmäßig breiter wird, hier dagegen streicht das betreffende Gebirge, die sogenannten Draken= berge, ziemlich nahe der Küste hin, so daß also die meteorologisch begünstigtere Partie des Continents sehr zusammengepreßt wird. Es ergiebt sich somit eine gewisse Aehnlichkeit der Südspitze Afrikas mit

dem beiläufig wiederum unter etwa gleichen Breitengraden östlich
unsern belegenen Australien. Dort zieht sich auch das Hauptgebirge
am Ostrande des Continentes hin und sperrt so das Innere gegen
die pazifischen Passate ab, so daß die große Oede des Centrums
wenigstens zum Theil daher sich erklären läßt. In gleicher Weise
und aus gleicher Veranlassung muß also auch die Westpartie von
Südafrika als wasserarmes Gebiet auftreten, und in der That finden
wir auch die verschiedenen kleineren und größeren Wüsten, die die Geo=
graphie für die Südhälfte des schwarzen Continents aufzählt, ledig=
lich auf jener Seite.

Wir dürfen aber nicht vergessen, daß in einer Beziehung doch
die Sache hier günstiger liegt als in Südamerika. Dadurch, daß
das Scheidegebirge, das außerdem auch noch viel weniger hoch und
zusammenhängend ist als der Andenwall, so weit im Osten steht,
wird die Westpartie derart verbreitert, daß ihr wenigstens diejenigen
Wolken, die über das Gebirge hinweg zu steigen vermögen, noch
zu Gute kommen können. Darum finden wir denn auch in Trans=
vaal und im Oranjefreistaat noch recht günstige Vegetationsverhält=
nisse. Da aber diese beiden Länder wenigstens theilweise schon im
Quellgebiet des die Südgrenze von Lüderitzland bildenden Oranje=
flusses liegen und das letztgedachte Territorium von da ab ohne
weitere bedeutende Gebirgsriegel sich gegen Westen hin abdacht, so
darf man die segensreiche Einwirkung der feuchten Spenden des
indischen Ozeans noch ein gut Stück nach dem atlantischen Meere
hin anhaltend zu finden hoffen.

Freilich selbst wenn die thatsächlichen Zustände auch über alles
Erwarten vortheilhaft sich herausstellen sollten, eins bleibt doch auf
alle Fälle gewiß, es wird Arbeit dort genug geben. Unter allen
Umständen ist Lüderitzland kein Gebiet, das, etwa wie das üppige
Ostindien, seinen Herren fast mühelos die reichsten Gaben in den
Schooß schüttete. Der hier in Aussicht stehende weit geringere Ge=
winn will noch dazu auch erst errungen und erkämpft sein. Aber
sollte uns das, wie kleine Seelen allerdings nicht müde werden an=

zurathen, wirklich veranlassen können, lieber auf die ganze Acquisition
zu verzichten? Dürfen wir nicht, ohne der Ruhmredigkeit bezichtigt
zu werden, sagen, daß gerade unser deutsches Volk zu solcher saurer
Culturarbeit die höchste Eignung besitzt, daß die ihm innewohnende
Zähigkeit im Verein mit angeborener Findigkeit es vor anderen
Nationen befähigt, eben solche spröde Gebiete der Erde für die ge=
sammte Menschheit zu erobern?

Und wie wir für diese Arbeit passen, so paßt sie für uns. Das
deutsche Volk ist ein rechtes Volk der Arbeit. Unter Mühen und
Drangsalen ist stets seine Kraft gewachsen, hat sich seine Größe
noch immer entfaltet, während gute Tage es so oft dem Verfall
nahe brachten. Träges Genießen, wie solches dem Orientalen bei=
spielsweise so sehr nach dem Sinne ist, eignet sich nicht für das
deutsche Naturell. Eine tropische Colonie mit ihren reichen, üppigen
Gaben würde uns leiblich und geistig degeneriren lassen, während
ein solch widerspenstiges Stück Erde wie Lüderitzland dazu dienen
kann, unsere Individualität noch weiter zu entwickeln und zu ver=
klären. Das Beispiel der uns ja so nahe verwandten holländischen
Boers, die mit ihrem oft über 6 Schuh hohem Wuchse, ihrem reichen
Kindersegen, der sich nicht selten auf 12 und 16 Köpfe beläuft, ihrem
männlich ernsten und doch so kindlich heiteren und zuversichtlichen
Wesen, ihrer Ritterlichkeit, mit der doch der ausgeprägteste Familien=
sinn Hand in Hand geht, ihrem freien Sinn, mit dem aber das
zäheste Festhalten an alter guter Sitte sich verbindet, Typen des
echten alten germanischen Wesens genannt werden können, zeigt uns,
was wir auf einem Terrain, das ohne allen Zweifel dem ihrigen
im Allgemeinen ganz ähnlich sein dürfte, zu erwarten haben.

Der einsichtsvolle Mensch wird den so in Aussicht gestellten
moralischen Gewinn wohl zu würdigen wissen, auch wenn er sich
daneben sagen muß, ein reiches Volk — äußerlich angesehen —
werden wir durch jenes Gebiet niemals werden können. Was liegt
denn auch daran? Ist es doch schon für das bürgerliche Leben ein
anerkannter Grundsatz, daß nicht Capitalsanhäufung in Weniger

Händen, neben welcher immer ein großes Proletariat einhergehen muß, sondern ein gediegener Mittelstand gesunde Verhältnisse bedeutet. Vielleicht ist es so auch für das große Weltganze das Beste, wenn neben übermüthigem Geldprotzenthum, wie es sich in unserer Nachbar= schaft weder zur Hebung des betreffenden Volks noch Anderen zur Annehmlichkeit oft genug recht brutal geltend macht, eben auch ein gesunder Mittelstand, gleich entfernt von überschwenglichem Reichthum wie von gefahrdrohendem Pauperismus, zur Geltung kommt. Und ich denke, könnten wir Deutschen diesen repräsentiren, so dürften wir zufrieden, ja stolz sein. —

Man wird unserer bisherigen Darstellung nicht den Vorwurf machen können, daß eine allzu optimistische Anschauung die Feder geführt habe. Im Gegentheil sind die Schattenseiten des neuen Besitzes vielleicht etwas zu stark betont worden. Darum sei denn nun auch dessen noch kurz gedacht, was derselbe Günstiges bietet. Dies liegt zum nicht geringen Theile auf politischem Gebiete und ist der Beachtung um so mehr werth, als es bis jetzt im großen Publi= cum noch wenig gewürdigt wurde.

Blicken wir auf die Karte, so bemerken wir, daß gerade im Osten von Lüderitzland die sogenannten Boers schon weit nach der Mitte zu vorgedrungen sind. Nach den neuesten Nachrichten halten diese ihre nach Westen gerichteten Expansionsbestrebungen auch noch an. Das in besagter Richtung anstoßende sogenannte Betschuanen= land scheint bereits von den kühnen und unermüdlichen Ansiedlern ins Auge gefaßt zu sein. Da nun auch unsere zukünftigen Coloni= sten in Angra Pequena, genöthigt dazu durch die Sterilität des eigentlichen Küstengebietes, sehr bald immer weiter nach dem Inneren des Landes dringen werden, so dürfte ohne Zweifel binnen kurzer Zeit schon eine Berührung derselben mit jenen Boers statthaben. Dieselbe aber wird unstreitig eine freundschaftliche sein, zunächst schon der Stammesverwandtschaft halber. Denn jene Boers sind bekanntlich holländischer Abkunft, also in gewissem Grade Fleisch von unserem Fleisch und Bein von unserem Bein. Allerdings pflegen

Solche, die sich von Natur nahe stehen, nicht immer von den freund=
lichsten Gesinnungen unter einander beseelt zu sein. Aber man weiß
ja, wie auch sonst Landsleute, die sich zu Hause kaum grüßen, in
der Fremde in heller Freude einander begegnen. So dürften wir
denn schon ganz allgemein auf eine gewisse Sympathie bei jenen
Niederländern hoffen.

Dieselbe hat aber eine gewaltige geschichtliche Verstärkung er=
halten. Man weiß, welch schnödes Loos jenen braven Ansiedlern
bisher wiederholt durch englische Rücksichtslosigkeit und Selbstsucht
bereitet war. Jedesmal, wenn sie mit saurer Mühe sich da unten
ein Stück Erdreich urbar gemacht hatten, kam der Brite, der bereits
lange lauernd hinter ihnen stand, um sich in das zurecht gerichtete
weiche Nest hinein zu setzen. In dieser Weise sahen sich die Boers,
die in ihrem Freiheitssinn und die Habsucht der „Brüder" von jen=
seits des Canals, die immer nur von ihnen nehmen, aber nie etwas
für sie thun wollten, wohl durchschauend, keine Neigung verspürten,
unter das englische Joch zu kriechen, gezwungen, immer weiter nord=
wärts auszuweichen. In dem Zeitraum von 200 Jahren sind sie
so vom Cap aus, dessen Ansiedlung sie zuerst gründeten, bis zum
Limpopofluß, vom 34. bis zum 22. Gr. s. Br. gelangt. Oft genug
versuchten sie auf diesem Marsche den nachdrängenden Feinden mit
Gewalt zu widerstehen, aber sie waren seiner geschulten Armee ge=
genüber doch meist zu ohnmächtig. Wo aber einen Helfer finden,
da England bis vor Kurzem unumschränkt die Meere beherrschte?

Nun, das große Jahr 1870 hat die Wellen der von ihm ge=
brachten mächtigen Erschütterung der europäischen Machtverhältnisse
sich auch bis nach jenem fernen südlichen ultima Thule fortpflanzen
lassen. In dem neubegründeten Deutschen Reiche hofften die vielge=
prüften Stammverwandten einen Freund zu finden, dessen Macht
sie gegen den verhaßten Erbfeind schützen könnte, ohne daß sie von
ihm, dessen eminent friedlicher Character von jeher feststand, eine
neue Vergewaltigung zu fürchten brauchten. Man weiß, daß sie in
der That bei der Transvaal=Affaire sich hilfeflehend und zugleich ein

Schutz- und Trutzbündniß offerirend an Deutschland wandten. Aber unsere Zeit war damals noch nicht gekommen. Der stets drohende Revanchekrieg mit Frankreich nöthigte dazu, eine Verwicklung mit England zu meiden.

Heute liegen die Verhältnisse, wie man weiß, anders. Der britische Popanz hat ein gut Theil seines Schreckens verloren, Frankreich seine Rachegelüste wenigstens ad Calendas graecas vertagt und seine Blicke nach auswärts auf weniger gefährliche und mehr versprechende Ziele gerichtet, Deutschland aber mit einer die Welt in Erstaunen setzenden, an ihm ganz ungewohnten Kühnheit sich in Afrika und zwar dicht bei den Boers festgesetzt. Sollten die letzteren durch solche Vorgänge und solche neue Nachbarschaft sich nicht ermuthigt und zu den erwarteten Ankömmlingen schon im Voraus hingezogen fühlen? Die neuesten Nachrichten aus jenen Gegenden haben dargethan, daß dem in der That so ist. Schon die vor der Hand doch auch noch mehr formelle Occupation von Angra Pequena durch das Deutsche Reich hat die braven holländischen Colonisten mit neuem Muth und Thatendrang erfüllt. Und so haben wir denn in der That Anlaß genug, zu hoffen, daß die unausbleibliche Berührung des holländischen und deutschen Emigrantenthums im Hinterland der von uns erworbenen Küste von Namaqua- und Damaraland nicht nur eine freundschaftliche sein, sondern auch zu einem innigen Zusammenschluß beider Elemente führen werde, dergestalt, daß die mit der Besitznahme von Angra Pequena begründete deutsch-südafrikanische Colonie dereinst quer durch den ganzen Südzipfel des Continents hindurch bis zur jenseitigen Ostküste reicht.

Freilich man hört wohl demgegenüber schon jetzt die Befürchtung laut werden, daß der so stark entwickelte Unabhängigkeitssinn jener Boers dieselben am Ende gar auch gegen Deutschland mißtrauisch und einer Verbindung mit ihm abhold machen möchte. Indes nur die Form, nicht die Sache könnte ihnen verleidet werden. Mit andern Worten: unsere zukünftige Vereinigung mit jenen muß eine freie sein und bleiben. Föderation, nicht Annexion, dieser Satz, bekanntlich schon für unser innerdeutsches politisches Leben das Stichwort für eine friedliche und gedeihliche Entwicklung, hat auch da draußen und vielleicht noch für manche andere überseeische Verhältnisse, in die wir eintreten werden, das leitende politische Prinzip abzugeben. Das soll unser Unterschied sein von der Art englischen Vorgehens auf fremder Erde, und dann dürfen wir gewiß sein, daß sich auch nicht der Unsegen Englands, das Mißtrauen und der Haß der in Frage kommenden Völkerschaften, an unsere Fersen heften wird.

Was aber eine so in sichere Aussicht gestellte Verbrüderung mit den kräftigen und namentlich mit der mühevollen Culturarbeit in den dortigen Landen aufs Beste vertrauten niederländischen Pionieren für unsere Colonisten zu bedeuten hätte, bedarf nicht erst der Erörterung.

Die Vortheile einer solchen Vereinigung würden sich übrigens nicht einmal auf die überseeische Ansiedlung selbst beschränken, es würde vielmehr eine Rückwirkung auf die Politik der beiderseitigen Mutterländer stattfinden.

Es ist ja kein Geheimniß, daß bis vor Kurzem noch die allgemeine Stimmung in Holland eine stark deutschfeindliche war. Es konnte das nicht Wunder nehmen, da ja Haß unter Geschwistern schon im bürgerlichen Leben nichts Seltenes ist. Derselbe muß sich aber naturgemäß vorzugsweise gegen den Bruder richten, der in irgend einer Weise die anderen in der Familie überflügelt. In gleicher Weise konnte es nicht ausbleiben, daß die von jeher unter einander wenig einigen Völker von gemeinsam germanischer Rasse in Nordeuropa, Schweden, Norweger, Dänen, Engländer und Holländer, seit den Kriegsjahren von 1866 und 1870 den Emporkömmling Deutschland mit besonders feindseligen Blicken betrachteten. Dieser Haß, aus Furcht und Neid erwachsen, mußte aber in Holland, dem durch die große Nähe Deutschlands scheinbar am meisten gefährdeten Stammesgenossen, auch am stärksten zur Entwicklung kommen.

Es ist dieser Umstand nun, der durch unsere Ansiedlung in Südafrika, beziehentlich durch eine zukünftige Föderation mit den Boers

eine wesentliche Aenderung erleiden dürfte. Schon jetzt haben, offen=
bar unter dem Eindrucke des bedeutsamen Ereignisses, manche hollän=
dische Blätter einen freundlicheren Ton uns gegenüber angenommen,
ja einige es geradezu ausgesprochen, daß die neue Nachbarschaft den
Boers nur von Vortheil sein könne. Es steht aber zu erwarten,
daß, wenn den überhaupt leicht mißtrauischen Mynheers der prakti=
sche Beweis da drunten in Südafrika geliefert wird, daß wir nur
friedliche und nicht gewaltthätige Eroberungen im Auge haben, sich
dann auch betreffs der heimischen Verhältnisse ihre Furcht vor unserer
Nachbarschaft allmählich verlieren und Vertrauen in ihr Herz ein=
ziehen wird. So eröffnet denn unser neuer Besitz die Aussicht auf
eine Annäherung Hollands an Deutschland. Wer aber will sagen,
daß eine solche trotz der geringen Größe jenes unseres Nachbar=
staates für uns von keiner Bedeutung sei? Sie liegt vielmehr in
beiderseitigem Interesse. Um das aufzuzeigen, müssen wir ein wenig
weiter ausholen.

Es ist eine ausgemachte Sache, daß, wenigstens in der Regel,
zu großen Zwecken auch große Mittel gehören. Daher hat sich von
jeher in allen Gemeinwesen das Bestreben nach Erweiterung und
Stärkung geltend gemacht. Man kennt ja die berühmte Ge=
schichte von den Pfeilen, die, einzeln genommen, leicht zerbrochen
werden können, in ein Bündel zusammengefaßt aber selbst einer
großen Kraftanstrengung widerstehen. Auch die politischen Orga=
nismen haben zu allen Zeiten diesen Vortheil der Vereinigung er=
kannt und demgemäß nach Zuwachs getrachtet. Ja das ganz
Staatswesen ist daher entstanden. Die Familie erweiterte sich zum
Stamme, die Stämme verschmolzen allmählich zum Volke, die Völker
wieder traten oft genug mit Nachbarn, sei es verwandter oder selbst
auch heterogener Rasse, zu Bündnissen zusammen. Stets war das
leitende Motiv dies, immer mehr Kräfte zu erlangen, um dadurch
auch immer größeren Zielen entsprechen zu können.

Indes die Verhältnisse waren im Alterthum dem Gedeihen
großer Weltstaaten nicht günstig. Bei dem noch so äußerst dürftig

bestellten Verkehrswesen konnte eine durch das Schwert des Kriegers oder die Feder des Staatsmannes vollzogene äußere Einigung von einander vorher fremden Elementen nicht so leicht zur nothwendigen inneren Verschmelzung werden. Die einzelnen Provinzen blieben lose am Rumpfe hängen, und wenn ihre Leiter, trotzige Satrapen oder mißgünstige jüngere Prinzen, nur halbwegs kräftige Männer waren, fielen sie gar ab, und das mühsam errichtete Gebäude sank in Trümmer. Die umfangreichen Monarchien der Perser, der Assyrer, der Babylonier u. a., die insgesammt nur von so kurzer Dauer waren, bieten Belege hierzu. Mit vollem Rechte konnte auf sie das biblische Bild von dem ehernen Koloß mit den thönernen Füßen an-gewendet werden.

In unserer Zeit aber, wo in Folge der so außerordentlich ent-wickelten Communicationsmittel der Raum seine trennende und hem-mende Kraft fast verloren hat, liegen die Dinge für den Bestand und die gedeihliche Weiterentwicklung großer Staatskörper ungleich vor-theilhafter. Bei der intensiven Durcheinandermengung der Bevölkerung, der Berührung auch zwischen ihren örtlich getrenntesten Theilen, die heut-zutage nicht nur ermöglicht, sondern auch zur Wirklichkeit geworden ist, kommen sich die Menschen auch innerlich näher, der Assimilations-prozeß unter vorher sich fremden, wenn nicht gar feindseligen Ele-menten geht rasch vor sich. Man denke beispielsweise, unsere vater-ländischen Verhältnisse angehend, daran, was es in dieser Hinsicht bedeuten will, wenn der ostpreußische Student in Straßburg studirt, der rheinische Händler in Pommern reist, der Sohn des Berliners in München, der des Münchners in Berlin garnisonirt, der Reichs-tagsabgeordnete vom Bodensee dem vom Haff oder vom Riesenge-birge in der Reichshauptstadt die Bruderhand reicht. Es findet heutzutage eine raschere Blutmischung in den großen Leibern der Reiche statt, die noch in der unlängst erst überwundenen Zeit alters-schwacher Botenfrauen und schwerfälliger Postkutschen unmöglich war. Selbst schon der umfangreiche und complizirte Verwaltungs-mechanismus unserer modernen Staatengebilde, das gewisse Maß

von Centralisation, ohne das es nun einmal nicht abgeht, die Hand-
habung des parlamentarischen Wesens, die ausgedehnte Rechtspflege,
die Heereseinrichtungen, die Termine und Sitzungen, die Inspectionen
und Visitationen, die Einberufungen und Dislocationen, Mobili-
sirungen und Recrutirungen, alle diese und viele andere unentbehr-
liche Dinge haben die Leichtigkeit der Bewegung zur Voraus-
setzung, die eben nur durch die Kräfte des Dampfes und der Electrizität
zu erreichen war.

Wie aber in der Gegenwart große politische Organismen leichter
möglich sind, als ehedem, so erscheinen sie auch ungleich nothwendiger.
Es ist jetzt Alles größer angelegt und zugeschnitten, als früher. Es
werden an Alles und Jedes ganz andere Ansprüche gestellt. Es ist,
so zu sagen, eine Zeit des Großbetriebes. Jeder Schuhmacher und
Schneider, wie er die alte Benennung nicht mehr hören will, sondern
bereits den Anspruch erhebt, Schuhwaaren- und Kleiderfabrikant be-
titelt zu werden, sucht auch seine Werkstätte mehr in eine Fabrik
umzuwandeln, jeder Kramladen durch directen Bezug und Umsatz
en masse den Character des Detail-Geschäftes abzustreifen. Und
weil die Kräfte des Einzelnen solchen größeren Zielen nicht immer
entsprechen, daher das Institut der Actiengesellschaften und Con-
sortien, das so recht eine Pflanze unserer Zeit ist. Ja nicht nur
nach Zusammenschluß in finanzieller Hinsicht geht das Bestreben.
Die Jahresversammlungen und „Tage", die sich kaum noch ein Ge-
werbe bis auf Barbiere und Schornsteinfeger entgehen läßt, sollen
selbst das mechanische, beziel. künstlerische und geistige Leistungsver-
mögen der betreffenden Corporation Revue passiren lassen und der
größtmöglichen Entwicklung dadurch näher bringen.

Eine Zeit, die in dieser Weise bis ins Kleinste hinein en gros
arbeitet, kann natürlich auch für das Staatswesen nur hohe Anforderungen und Ziele bringen. Und in der That, eine moderne
Armee, die überhaupt an einen Kampf mit anderen Heeren denken
kann, eine Flotte, die auf dem Weltmeere nur eine leidliche Rolle
spielen will, diese beiden ersten und unumgänglichen Bedürfnisse eines

Reiches, welche Summen verschlingen sie nicht schon jährlich! Daher hat denn die Neuzeit eben große Staaten sich bilden lassen, und wenn wir hierbei auch des jungen Deutschen Reiches gedenken, so geschieht es, weil unbestritten auch dieses dem mächtigen Drange der Verhältnisse, der gebieterischen Nothwendigkeit zum nicht geringen Theile seine Entstehung aus früherer Zersplitterung heraus verdankt.

Die kleinen Staaten aber, die in solche größere Reiche nicht aufgehen konnten, sie müssen, zu Staaten zweiten oder dritten Grades herabgedrückt, naturgemäß ein mehr oder minder kümmerliches Dasein führen. Selbst wenn sie nicht für ihre Selbständigkeit zu fürchten brauchen, so fehlen ihnen doch die Kräfte, den modernen Anforderungen Rechnung zu tragen und sich gedeihlich weiter zu entwickeln. Beispielsweise wäre ja die Schweiz gar nicht in der Lage gewesen, die langersehnte Ueberschienung ihrer Alpen durchzuführen, wenn sie nicht das Glück hatte, Subventionen von Italien und Deutschland zu erlangen. Oder ein gerade jetzt noch näher liegendes Exempel! Man redet von neuen deutschen Erwerbungen im äquatorialen Afrika. Aber die Wörmannsche Besitzung dort ist schon über 30 Jahre alt. Warum hat man im Binnenlande davon nichts erfahren, warum blieb die bedeutsame Acquisition ohne größeren Einfluß auf unseren Handel, warum fristete sie nothdürftig genug ihr Leben, immer den brutalen Uebergriffen der Briten ausgesetzt? Weil der kleine hamburgische Staat selbstverständlich nicht im Stande war, seinem strebsamen Bürger irgend welchen Schutz zu verleihen. Erst seitdem wir ein unseren Nachbarstaaten ebenbürtiges großes Deutsches Reich haben, kann eben von einer deutschen Colonialpolitik überhaupt die Rede sein.

Was wir so ausgeführt haben, tritt uns nun aber auch an Holland wieder deutlich vor Augen. Wie oft sah sich dies doch schon von seinen Nachbarn, von Engländern und Franzosen, bedroht! Wie oft ist ihm seine Schwäche fühlbar geworden! An den Verlust der Capcolonie, an die traurige Thatsache, daß es seine Colonisten da drunten von den Engländern bedrückt und unterjocht werden sehen mußte, ohne helfen zu können, haben wir schon erinnert. Aber auch jetzt wird seine Ohnmacht fühlbar. Wohl besitzt es blühende Colonien im indischen Archipele, allein es lebt hier nur von einem reichen Erbe aus früherer Zeit. Nicht nur, daß es — wie der At= chinesen=Krieg seiner Zeit darthat — dasselbe mit Mühe und Noth gegen die Eingeborenen zu halten in der Lage war, weit bedauer= licher ist es, daß es nicht vermag, seine Besitzungen, für deren Coloni= sirung es in der That so bewundernswerthes Geschick an den Tag gelegt hat, zu erweitern, daß es dulden muß, daß der habsüchtige Brite seine alten Besitztitel an Borneo und Neuguinea nicht im mindesten respectirt.

So wäre denn für Holland, selbst im Lande fängt diese Er= kenntniß an, Boden zu gewinnen, die Anlehnung an einen mächtigeren Staat etwas recht Heilsames, ja Nothwendiges. Und schon der Stammesverwandtschaft halber könnte hier nur Deutschland in Frage kommen. Freilich wenn nur nicht wieder die leidige Eifersucht wäre! Dieselbe aber müßte auch hier allen Boden verlieren, wenn unsere biederen Nachbarn es uns glauben wollten, daß wir nicht ihre Selb= ständigkeit bedrohen wollen und können. Ein widerwilliges Glied an einem Staatskörper ist immer ein großes Hemmniß für dessen Ent= wicklung. Und wir haben dergleichen schon aufzuweisen. Es kann daher keinem wahren deutschen Staatsmanne einfallen wollen, diese wahrlich nicht geringen Schwierigkeiten noch durch eine Einverleibung Hollands zu vermehren. Nicht Annexion, sondern Föderation sollte darum auch hier das Stichwort sein.

Wie eine solche im Einzelnen freilich einzuleiten und durchzu= führen ist, ob zunächst ein Schutz= und Trutzbündniß geschlossen oder vielmehr vor Allem ein Eintritt Hollands in unseren Zollverein, der bekanntlich der Vater auch unserer deutschen Einigung geworden, erstrebt werden soll, darüber zu reden würde hier zu weit führen. Es mußte uns an dieser Stelle nur darum zu thun sein, den Ge= winn, den ein solcher Anschluß Hollands an uns für dasselbe haben würde, klar zu machen. Und ich meine, wer denselben noch nicht erkennt, der sollte nur einmal einen Blick auf die Karte werfen. Die Inselwelt des indischen Archipels bildet mit ihren zahlreichen, so bequem dicht neben einander belegenen Eilanden ein Stück Erde, das an Größe fast einem kleinen Continente gleichkommt, hinsichtlich seiner Beschaffenheit aber der Garten der Erde, ein wahres Paradies heißen müßte. Auf diese köstliche Beute hat Holland Anspruch auf Grund natürlicher und erworbener Rechte, durch die Nachbarschaft der Besitzungen, die es dort schon hat, durch Jahrhunderte alte Besitztitel, vor Allem aber in Folge der höchst anerkennenswerthen Weise, in welcher es sein Talent, gerade jene Gebiete zu colonisiren, practisch bethätigt hat. Bereits hat es auch um diese reichgeschmückte Braut mit Sumatra und Java, die, beide langgestreckt, fast einen Halbkreis um die Inselgruppe schlingen, seine Arme geschlagen. Mit Deutschland im Rücken würde es den Muth und die Kraft finden, dieselbe auch ganz an sich zu ziehen. Auf diese Weise würde mit der Zeit der ausgedehnte Archipel zu einem einheitlichen, starken und blühenden Inselreiche werden, das sich mit jedem andern Colonialbesitz auf der Erde messen könnte.

Indes die gedachte Föderation würde auch uns selbst den reichsten Nutzen bringen, nicht nur im Speziellen insofern, als wir bei der geringen Industrie Hollands für unsere großartige Gewerbthätigkeit in jener Inselwelt einen doppelt ergiebigen Absatzmarkt zu finden hoffen dürften, sondern auch ganz allgemein deshalb, weil eine Verbindung mit Holland uns zu dem Meer in unserem Norden auch eine Küste im Westen geben, zur Weichsel-, Oder- und Elbemündung auch die des alten vaterländischen Rhein fügen würde, eine Erweiterung, deren Bedeutung jeder erkennen muß, welcher weiß, daß es für unsere modernen Staaten gilt: je mehr Gestade, um so mehr Gelegenheit zur Entwicklung, je mehr Grenze am Weltmeer, um so mehr Aussicht zur Weltmacht. Der Beispiele bietet die Geschichte hierfür genug. Man denke unter Anderem nur an Rußland. Es hat erst angefangen, eine Rolle auf der Schaubühne der Welt zu spielen, als es bis an die Meeresküste sich ausgedehnt hatte. Vor-

her war es bei aller Größe des Gebiets doch an Bedeutung nur ein
Kleinstaat, und hinsichtlich seiner Beschaffenheit nur ein Barbaren-
reich. Und Peter der Große ist der Gründer des modernen Ruß-
lands geworden, nicht, weil er seinen Unterthanen die langen Bärte
und langen Röcke abschneiden ließ, sondern weil er das Reich zu
einem Seestaat machte. In dieser Beziehung haben die Staaten
neben dem centripetalen Zuge, der sich in ihrer Entwicklung zur
Geltung verhilft und die schon erwähnte niemals ganz entbehrliche
Centralisation bewirkt, auch eine centrifugale Neigung, die nach den
Meeresküsten hinführt. So hat eben wieder Rußland, trotz der ungeheuren Landmasse, die bei seinem stetigen Vorrücken in Asien vor
seinen Blicken daliegt, doch längst schon sein Auge weiter nach dem
persischen Golfe hin schweifen lassen. Ebenso erfuhr auch das fast
fieberhafte Vorwärtsdrängen in Nordamerika keine Ruhe, als bis
man jenseits der Anden am stillen Ozean angekommen war. Die
Pacificbahnen, die zugleich als imposanter Abschluß der merkwürdigen
Bewegung anzusehen sind, bieten die sprechendsten Belege für dieselbe.
Käme für uns Deutsche in ähnlicher Weise eine Zeit, wo wir für
unsere strebsame Schifffahrt die ganze lange Küstenlinie von Königs-
berg bis Vlißingen zur Verfügung hätten, so würde auch eine entsprechende Entfaltung unserer Seemacht und unseres Seehandels sich
daran knüpfen. —

Haben wir für eine zukünftige Verbrüderung mit den holländischen Boers schon so bedeutsame Folgen in Aussicht gestellt, so
müssen wir aber nun noch einer hochwichtigen politischen Wirkung
gedenken, die von eben daher, aber nach entgegengesetzter Richtung,
nach Süden ausgehen muß.

Wenn, wie wir prophezeiten, durch einen Zusammenschluß mit
jenen Ansiedlern an der Ostküste einstens das Land vom atlantischen bis zum indischen Ozean quer durch Südafrika hindurch, einen
breiten Streifen bildend, eine einzige deutsch-holländische Colonie dar-
stellte, so wäre damit nicht allein ein Keil zwischen die englischen
Besitzungen in Afrika im Norden und Süden geschoben und so die

Verbindungslinie zwischen beiden, die manche unserer länderfüchtigen Nachbarn von jenfeits des Canals durch allmähliche Occupation des ganzen noch zwischen Nil und Cap liegenden Terrains gezogen wissen wollten, von vornherein unterbunden, nein, die durch jene Ausdehnung der deutschen Colonie von Meer zu Meer erzielte Isolirung der Cap= colonie würde auch für das schließliche Geschick der letzteren selbst von hoher Bedeutung sein. Gerade so wie schon jetzt manche nicht nur deutsche sondern sogar englische Stimmen die Walfischbai in Folge der vollzogenen Umklammerung durch deutsches Gebiet für un= haltbar erklären, könnte man im Großen dann auch die ganze britische Herrschaft auf der Südspitze des schwarzen Erdtheils für gefährdet ansehen. Und das um so mehr, als dort, wie wir schon erwähnt, ursprünglich die holländische Fahne wehte, auch jetzt noch das holländische Element numerisch und moralisch überwiegt und selbst der der Geburt nach englische Bruchtheil der Bevölkerung in Folge der äußerst geringen Fürsorge, die das ferne Mutterland für die mit ihm übrigens auch nur sehr lose verbundene Ansiedlung be= kundet, wenig Interesse der Erhaltung der englischen Oberherrschaft auf seinem Territorium entgegenbringt.

Leicht also könnten einst England da unten Schwierigkeiten er= wachsen, deren Bewältigung außerordentliche Kraftanstrengungen er= forderlich machen würde. Es ist aber, selbst wenn es dann in der Lage sein sollte, die nöthige große Armee für solche Zwecke übrig zu haben, kaum anzunehmen, daß es solche Opfer für die Capcolonie bringen würde. Denn dieselbe hatte von jeher für England nur Werth als Etappe auf dem Weg nach Indien. Seitdem der Suez= canal nach dem letzteren eine bei Weitem kürzere Straße freigelegt hat, mußte die Besitzung in den Augen ihrer Eroberer fast alle Be= deutung verlieren. Es haben daher in der That auch schon eng= lische Politiker empfohlen, sie ganz aufzugeben. Nun wenn dies auch der stolze Brite vor der Hand und aus freien Stücken nicht so leicht thun wird, so darf man aber doch gewiß sein, daß er, rücksichtslos wie er ebenfalls ist, bei eintretenden Verwicklungen in der Colonie

3*

und etwa noch zugleich auftretenden Schwierigkeiten in anderen wichtigeren Besitzungen, wie solche gewiß nicht ausbleiben werden, keinen Augenblick zögern wird, die Ansiedlung ihrem Schicksal zu überlassen.

Das dann uns noch dazu mühelos zufallende Stück Erde würde aber einschließlich der Ländereien der Boers und der Lüderitzschen Territorien ein Stück Erde darstellen, das 15 bis 20000 ☐ Meilen umfaßte, also das Deutsche Reich um die Hälfte oder gar das Doppelte seiner Ausdehnung überträfe, demnach wahrlich groß genug wäre, um ein Neudeutschland auf der mit der Zeit eine immer bedeutendere Rolle übernehmenden Südhemisphäre der Erde als Gegenstück zu dem so maßgebenden Altdeutschland auf der Nordhalbkugel zu tragen.

Eine so bedeutende Errungenschaft dies darstellen würde, so brauchten aber doch damit unsere überseeischen Ansiedlungsversuche noch nicht abgeschlossen zu sein. Vielmehr lenkt gerade die Südspitze von Afrika die Aufmerksamkeit weiter auf ein anderes Gebiet, den südlichen Zipfel von Amerika. Derselbe weist ja eben mehrfache Aehnlichkeiten mit dem vorerwähnten Gebiete auf, deren zum Theil schon Erwähnung geschah. In verhältnißmäßiger Nähe vom afrikanischen Kaplande, liegt Patagonien, das bekanntlich das Südende des amerikanischen Festlandes bildet, nicht nur auf gleicher Hemisphäre, sondern hat auch ungefähr gleiche klimatische Bedingungen, mindestens würde es sich für deutsche Ansiedler genau ebenso eignen. Selbst hinsichtlich der Bodenbeschaffenheit weicht es von den südafrikanischen Ländereien kaum ab. Es ist im Allgemeinen ein nur mäßig bewässertes, namentlich auch mit periodischen Flußläufen ausgestattetes Steppenterrain, das jedoch nichts weniger als unfruchtbar an sich genannt werden darf, vielmehr unter der Hand deutscher Colonisten ebenfalls recht guen Erttrag liefern, namentlich wieder für eine ausgedehnte Viehzucht sich eignen würde.

Endlich ist Patagonien — und das stellt ja eines der wesentlichsten Momente dar — in noch höherem Grade fast als Lüderitz-

land herrenloses oder richtiger bisher von den Culturvölkern noch
nicht occupirtes Land. Denn die bekannte Monroe=Doctrin: „Ame=
rika den Amerikanern" kann doch im Grunde nur mit Bezug auf
Nordamerika und auf die dasselbe betreffenden Ansprüche der Ver=
einigten Staaten gelten gelassen werden. Chile allerdings hat das
transcordillerische Patagonien mit Beschlag belegt, aber der damit
gemeinte Theil des Landes ist nur ein schmaler und im Allgemeinen
wenig werthvoller felsiger Küstensaum. Anlangend die weiten öst=
lichen Terrassen, die ein Gebiet von mindestens 15000 ☐ Meilen, das
heißt also ein Areal wie etwa Spanien und Italien zusammen, darstellen,
so sind dieselben bisher de facto noch von Niemand occupirt worden.
Argentinien hat allerdings wiederholt erklärt, daß es sich als Herrn
des Continentes bis zur Magelhaensstraße betrachte; allein eine so
nur formale und generelle Annexion hat in diesem Fall um so weniger
Bedeutung, als der argentinische Staat selbst noch kaum über die
ersten Anfänge der Cultur hinweg ist und namentlich in seinem Nor=
den und Nordosten, speziell am Pilcomayo noch Strecken fast un=
bekannten Landes hat, die nahezu der Hälfte von Patagonien an
Größe gleichkommen. Bei der politischen Zerrissenheit, allgemeinen
Schwäche und geringen Kopfzahl des hispano=lusitanischen Elementes
in ganz Südamerika ist aber noch lange nicht an eine Erschließung
jener fast im Centrum des Erdtheiles belegenen, wenngleich sehr viel
versprechenden Partien, geschweige denn an eine solche der fernen und
viel ungünstigeren Südspitze durch Argentinien zu denken.

Von europäischen Mächten hat nur England auf den Pata=
gonien allerdings so nahen Falklands=Inseln Posto gefaßt, indes un=
zweifelhaft lediglich deshalb, um so die Passage durch die wichtige
Magelhaensstraße beherrschen zu können und jedenfalls ohne alle
Nebenabsichten auf das anstoßende Festland.

In Folge solcher unstreitig günstigen Sachlage haben denn in der
That auch deutsche Colonialpolitiker schon längst energisch auf Pa=
tagonien als Terrain für eine deutsche Ackerbaucolonie hingewiesen
und kurz vor den jetzigen Gebietserwerbungen in Afrika neigte

sich die Waagschale in der öffentlichen Meinung immer mehr zu Gunsten jenes Gebietes.

Damit ist es nun aber nicht, wie Manche glauben machen wollen, ganz vorbei, vielmehr dürfte der im Allgemeinen schon durch das Vorgehen unserer Reichsregierung neu belebte Sinn für dergleichen Unternehmungen dadurch, daß die in Aussicht genommene erste deutsche Ackerbaucolonie auf der südlichen Halbkugel ihre Stätte finden soll, nur um so mehr wieder auf das gegenüber belegene Südende Amerikas aufmerksam gemacht werden. Wirklich konnte man auch letzthin schon lesen, daß einige reiche Hamburger und Altonaer Kaufleute dort unten Ländereien in Besitz genommen haben. —

Es dürfte aber eine deutsche Niederlassung auf der Südspitze von Afrika noch mehr als nach Westen hin in östlicher Rich= tung eine mächtige anregende Wirkung ausüben. Allerdings geht ja der directe Weg nach Indien nicht mehr dort vorbei, aber ange= sichts des Umstandes, daß der letztere sich ausschließlich in Englands Händen befindet, muß auch die alte allerdings längere, aber freie Passage um das Cap herum noch eine gewisse Bedeutung behalten. Namentlich wird dieselbe für die holländischen Besitzungen im malayi= schen Archipele immer wichtig genug bleiben.

Da nun aber die Südspitze Afrikas eine der wichtigsten Etappen auf diesem alten Wege bildet, so dürfte derselbe durch eine zu= künftige Erwerbung des Caps seitens Deutschlands wesentlich in des letzteren Hände gelangen und damit auch der Schutz der hollän= dischen Colonien zum Theile uns anvertraut werden — wieder eine Veranlassung mehr zur Annäherung Hollands an uns.

Aber das südlichste Afrika in deutschem Besitz, das dürfte end= lich selbst auf die Politk des australischen Continents einen mächti= gen Einfluß ausüben.

Man weiß ja, daß auch in dieser ungeheuren englischen Colonie, zumal dieselbe gleichfalls genug holländische und deutsche Elemente zählt, die englischen Sympathien nicht gar groß, mindestens aber in

stetem Rückgange begriffen sind. Es entspricht diese ganz unver=
kennbare Thatsache nur einem in der Geschichte colonialer Grün=
dungen von jeher zur Geltung gekommenen großen Gesetze. Im ge=
wöhnlichen Leben gilt es: es wird ein Weib Vater und Mutter ver=
lassen und ihrem Manne anhängen. Das lautet, in die politische
Sprache übersetzt: jede Colonie trägt von vornherein in sich die
Neigung, das alte Mutterland zu vergessen, sich von ihm loszulösen,
autonom zu werden. Und zwar wird das stets um so mehr der
Fall sein, wenn, wie dies nur zu oft vorgekommen, die Mutter eine
Stiefmutter gewesen, das heißt, die Colonie nur ausgebeutet, aber
nicht ausgestattet hat.

In solcher Weise verfuhr einst schon Phönizien mit seinen Pflan=
zungen an fremden Gestaden und sah sie darum auch immer gar
bald unabhängig werden und sich verloren gehen. England aber,
das so oft wegen seines hoch entwickelten mercantilen Wesens das
moderne Phönizien genannt wird, erfährt auch, gerade so wie es
häufig genug in den gedachten Fehler jener alten Seefahrer ver=
fällt, das Geschick derselben. Die amerikanischen Unionsstaaten haben
sich von ihm losgemacht, Canada wird einstens sicher nachfolgen.
Australien ist schon halb und halb auf jenem Wege.

Hat es aber einmal das Ziel, das ihm sicher ist, seine Unab=
hängigkeit erreicht, dann könnte eine deutsche Besitzung in Südafrika bei
der relativen Nähe beider Territorien leicht in eine engere Verbin=
dung mit ihm treten, und das um so mehr, als die deutschen Sym=
pathien in Australien nahezu in demselben Maße zunehmen, wie die
englischen sich verringern. Hat sich doch auch schon die deutsche
Industrie namentlich seit den jüngsten australischen Weltausstellungen
dort einen recht werthvollen Markt errungen.

Freilich würde eine solche Verbindung eine möglichst freie zu
bleiben haben, damit sie nicht auch den Keim der Auflösung von
vornherein in sich trüge. Nicht Annexion, sondern Föderation, das
müßte eben immer das Losungswort für uns Deutsche bei übersee=
ischen Ansiedlungen oder Anknüpfungen sein. Wird dies beobachtet,

dann werden wir ebenso gut wie mit den Boers auch mit den Au=
straliern zu einem dauernden und für alle Betheiligten, ja indirect
selbst für die Unbetheiligten, für die ganze Erde ersprießlichen Freund=
schaftsverhältniß gelangen. —

Mit der Heranziehung von Australien haben wir den Kreis der
localen Ausdehnung des deutschen Elementes, oder doch des deutschen
Einflusses in den südlichen Meeren, als deren Wurzelstock wir
Lüderitzland hinstellten, abgeschlossen. Aber welche Perspective er=
öffnet sich nicht auch damit! Die drei großen in die Wasserwüste der
antarctischen Regionen hineinragenden Festlandsmassen, Südamerika,
das transäquatoriale Afrika und der australische Continent, haben
ja allerdings im Vergleich mit der freilich günstiger, d. h. compacter
oder conzentrischer gelagerten Landmasse der Nordhemisphäre bisher
eine nur geringe Rolle in der Weltgeschichte gespielt. Aber es unter=
liegt keinem Zweifel, daß sie noch eine große Zukunft haben. Die
Bedeutung von Australien ist schon jetzt nicht klein und dabei in
rascher Zunahme begriffen. Es wird dereinst eine Art Gegengewicht
zu dem Entwicklungscentrum der alten Welt, dem ihm antipodal
gelagerten Europa, abgeben, die Rolle eines südhemisphärischen Europa
spielen. Stellt sich doch immer klarer heraus, daß, während man
noch vor wenig Dezennien kaum seinen Ostrand für anbaufähig hielt,
auch die ungeheure Wüste in seinem Inneren in ähnlicher Weise, wie
viele andere früher irrthümlicherweise für absolut steril gehaltene Ein=
öden des Erdballs, zu einem nicht geringen Theil durch menschlichen
Fleiß der Kultur erschlossen werden kann.

Was sodann den jenseits der Linie gelagerten Theil afrikani=
scher Erde anlangt, so steht auch hier eine ungeahnte Entwicklung
in Aussicht. Allerdings ist dieselbe wesentlich an ein Flußthal ge=
knüpft, aber nach der ganzen Art des schwarzen Erdtheils sind ja
eben seine wenigen, jedoch großen und langen, tief ins Innere ein=
schneidenden Flußthäler die natürlichen Culturträger. Was die
Mulde des alten Nils in dieser Hinsicht geleistet hat, ist bekannt.
Ihr verdanken wir einen nicht geringen Theil unserer ganzen er=

rungenen Cultur, deren Wiege sie schon in der grauesten Vorzeit geworden.

Das Congothal oder, wie man sich neuerdings gewöhnt hat zu sagen, das Congobecken ist noch ungleich günstiger beanlagt. Es bezeichnet, wenn man den Körper Afrikas als einen mächtigen nach Westen offenen Halbbogen ansieht, ziemlich genau den aus dessen Mitte herausragenden Durchmesser, während der ägyptische Strom nur am fernen Ostrande hinfließt. Es mündet ferner in den atlantischen Ozean, den Vermittler der modernen Cultur, aus, während der Nil sich nur in das heutzutage zu einem untergeordneten Range degradirte Binnenbecken des Mittelmeeres ergießt. Der Congo öffnet sich so für die ganze große Welt, während der Nil nur den Mittelmeervölkern seine Thore aufthat. Das Nilthal ist ferner im Grunde nur eine lang gezogene Oase mitten in einer schrecklichen Wüste, abhängig noch dazu von den Launen des Flußgottes, der Strom selbst fast auch nur ein periodisches Gewässer und in seinem hauptsächlichsten Theile ohne alle Nebenflüsse, der Congo dagegen umgeben von einer überaus üppigen Natur, die er, selbst eine ansehnliche, mindestens aber constantere Wassermasse, nach allen Seiten bis weit ins Land hinein mit mächtigen, wohl gefüllten Adern durchzieht.

So kann es keinem Zweifel unterliegen, daß das Congobecken dereinst in noch höherem Grade als die altberühmte Nilrinne das Gebiet einer großartigen Culturentwicklung zu werden bestimmt ist, ja daß dorthin allmählich das Centrum der ganzen großen Entfaltung sich verlegen wird, deren der schwarze Erdtheil fähig und sicher ist. Es muß sonach als einer der fruchtbarsten Gedanken moderner Politik bezeichnet werden, dort ein selbständiges Staatswesen zu begründen, das die reichen Naturschätze nicht die Beute eines Volkes werden läßt, sondern sie der ganzen Menschheit vermittelt, und das seine großartigen Kräfte nicht zur Stärkung eines anderen fernen Staats sich abzapfen lassen muß, sondern dieselben voll und ganz zur eigenen Hebung verwenden kann.

Aber auch die dritte Landmasse der Südhalbkugel, Südamerika, wird dereinst eine Rolle spielen können, die der Nordamerikas, das gegenwärtig noch so immens präponderirt, mindestens ebenbürtig sein dürfte. Auch hier werden übrigens die gleichfalls nach dem atlantischen Ozean sich öffnenden ungeheuren Flußadern, namentlich der gigantische Amazonenstrom, die Träger der Entwicklung sein. Man weiß ja, daß das Flußgebiet desselben, das größte Flußsystem der ganzen Erde, noch eine ganze Welt umschließt, die ebenso reich wie zur Zeit noch unbekannt ist.

Wird nach alledem also der Schwerpunkt der Weltentwicklung in der Zukunft zum nicht geringen Theil wenigstens auf die Süd= hemisphäre verlegt, so wird uns Deutschen, wenn wir zuvor schon die Köpfe so zu sagen der dortigen drei Landkörper uns gesichert haben, auch ein mächtiger Einfluß in dieser Zukunftswelt gewahrt bleiben. Dies wird aber nicht nur für unsere alte Heimath Deutsch= land speziell, sondern, da ja unstreitig das deutsche Element nicht nur in dem bisher gebrauchten verächtlichen sondern auch im höchsten und besten Sinn ein rechter Volksdünger genannt werden muß, auch für das allgemeine Wohl der Menschheit von Heil sein.

Ein neues Deutschland auf der Südhalbkugel der Erde wird auch der dort zu erwartenden großen Culturentwicklung den spezifisch deutschen Stempel aufdrücken, den die Cultur der alten Welt auf der Nordhalbkugel theils bereits schon trägt, theils seit einigen De= zennien mehr und mehr anzunehmen im Begriffe steht.

Indes diese unsere Darlegung erscheint doch vielleicht allzu chauvinistisch. Man meint schließlich gar, wir wollten einer Occupation der ganzen südhemisphärischen Landmassen oder wohl selbst der ge= sammten noch unvergebenen Erde das Wort reden. Aber man be= denke doch, daß die Gefahr solcher allzu weit schweifender Aus= breitungsgelüste, wie ihr England in der That längst schon verfallen ist und Frankreich ehemals wenigstens verfallen war, uns Deutschen vermöge der Selbstbeschränkung, die eine unserer Nationaltugenden ausmacht, ja die oft in ihrer Uebertreibung selbst einen unserer

Nationalfehler darstellt, fern genug liegt. Wir wollen nur das, worauf wir nach unserer Macht Anspruch erheben können und nach unseren Bedürfnissen auch Anspruch erheben müssen.

Zudem ist uns für unsere Ausdehnung da drunten eine bestimmte Grenze gesteckt, die wir ohne Schaden nicht überschreiten würden. Welches ist diese? Wir müssen, um dies zu finden, abermals etwas weiter ausholen.

Man hat bekanntlich schon oft die Frage nach Naturgrenzen aufgeworfen, jedoch ohne bisher zur Klarheit hierüber zu gelangen. Giebt es Naturgrenzen oder nicht? Zunächst scheint es doch, als ob die Gebirge, diese mitten zwischen die Menschen hinein gesetzten Riegel, solche darstellten. Allein dem ist nur in den wenigsten Fällen so. Vielmehr waren schon in den ältesten Zeiten die meisten Gebirge der Erde, so die Alpen, die Pyrenäen und selbst höhere asiatische Ketten, auf ihren beiden Flanken von der gleichen Rasse bewohnt, und bereits durch diese Thatsache ist ein uraltes lebhaftes Herüber und Hinüber nachgewiesen. In unserer Zeit aber, wo dem Dampfrosse über und durch die höchsten Erhebungen Pfade geebnet werden, haben die Gebirge ihre trennende Kraft noch mehr eingebüßt. Ebenso wenig scheiden die Gewässer, wenigstens auf die Dauer. Als die Menschen einmal Flöße zu bauen gelernt hatten, wurde der heimathliche Strom zur Brücke nach dem jenseitigen Ufer. Der Compaß gab dann die Möglichkeit, auch größere Wassermassen zu befahren, und die Dampfkraft bändigte schließlich selbst den Ozean, der doch so erheblich größer ist als die von uns bewohnten Festlande. Immer näher rücken sich durch den intensiven Verkehr die beiderseitigen Ufer und das atlantische Meer ist schon jetzt mehr nur ein großer Strom, die unermeßliche Wasserwüste des pazifischen Beckens zu einem Binnensee herabgesunken. Für die Cultur trennt das nasse Element nicht, es verbindet.

Am ehesten müssen noch weite Wüsten als Naturscheiden betrachtet werden. So erscheint das durch die Sahara vom Sudan getrennte nordafrikanische Küstenland total von diesem unterschieden

und nach Flora, Fauna und Menschenschlag mehr zu Europa ge=
hörig als zum schwarzen Erdtheil. Aber wir sahen ja schon, wie
auch die Wüsten der Erde durch die Cultur immer mehr zusammen=
gedrängt und verringert, beziehentlich wenigstens zu Durchgangs=
stätten der Communication gemacht werden.

So muß man denn sagen, daß Naturgrenzen· im Sinne be=
stimmter, unverrückbarer Marken nicht existiren. Die wirklich vor=
handenen sind nur relativer, nicht absoluter Natur, haben nur tem=
poräre, nicht perpetuelle Wirkung. Indes Etwas giebt es doch, das
wenigstens im Großen und Ganzen als eine nur schwer verrückbare
Völkerscheide angesehen werden darf, das ist das Klima. Die Natur
hat den Erdball in große Parallelzonen mit allerdings etwas ver=
schwimmenden Grenzen eingetheilt, und diesen entsprechen auch die
betreffenden Völkermengen. Die unter dieser Breite lebenden Rassen
vermögen wenigstens als Ganzes nicht unter dem nächsten Himmels=
striche zu wohnen. Sie würden sich damit der Degeneration aus=
setzen. In dieser Hinsicht ist der Mensch wenigstens annähernd
ebenso an den Boden gefesselt als das Thier und die Pflanze.

Oder sollte es nur Zufall sein, daß das vom Süden ausgehende
Vorrücken der Spanier auf dem amerikanischen Continente bei Ge=
legenheit ihrer großen Entdeckungsreisen in der neuen Welt am
Ende des Mittelalters ziemlich genau mit dem 40. Gr. n. Br. seinen
Abschluß fand, welcher gerade die Mitte ihrer alten europäischen
Heimath schnitt, und daß jenseits die Eroberungen der germanischen
Rassen begannen? Nein, wir werden berechtigt sein, schon daraus zu
schließen, daß den letztgenannten mehr die gemäßigteren Regionen
der Erde bestimmt sind.

Allerdings bei der großen Accommodationsfähigkeit des Deutschen
wird derselbe in einzelnen Fällen auch in der heißen Zone existiren
können. Sorgfältige Beachtung aller Vorschriftsmaßregeln, nament=
lich Enthaltung von schwerer Arbeit, wird hier viel thun. Aber bei
großen Mengen, die ja ihrer Selbsterhaltung willen arbeiten müssen,
erscheint eine dauernde Niederlassung ebendort ganz unmöglich. Wir

können also daselbst wohl Handelscolonien und Plantagen haben,
in denen eine kleine Anzahl von Deutschen als Aufseher und Leiter
fungirt, während die Eingeborenen die eigentliche Arbeit verrichten,
nie aber Ackerbaucolonien im Sinne der Herbeiziehung von Tausen=
den von Landsleuten.

Allerdings hat die Natur in ihrer weisen Fürsorge selbst inner=
halb der heißen Zone Ländereien mit gemäßigtem Klima geschaffen.
Das ist bekanntlich überall da der Fall, wo der Boden derart er=
höht ist, daß in vertikaler Richtung die kühleren Luftschichten erreicht
werden, die sonst nur bei einem horizontalen Vorrücken nach den
Polen hin zur Geltung kommen. Solche Landschaften hat auch das
so verschrieene gluthheiße Afrika und zwar gerade in der eigentlichen
äquatorialen Zone in seinen durchschnittlich 1200 m und darüber
hohen Plateaus. Man hat darum auch an diese für deutsche Acker=
baukolonien gedacht. Z. B. schlug Flegel das ähnlich geartete weite
Gebiet des oberen Binue, des großen Nebenflusses des Niger, und
seiner linken Zuflüsse vor, zu welchem man übrigens vom Kamerun
her einen näheren Weg haben würde. Rohlfs wies auf das Barka=
Plateau, Schweinfurth und noch mancher Andere auf die Hochländer
zwischen den Quellzuflüssen des weißen Nils und des Uëlle hin.
Auch die weiten und fruchtbaren, aber dünnbevölkerten Gehänge des
Kenia, Kilimandscharo und Meru, auf die bisher nur wenig auf=
merksam gemacht wurde, die aber noch neuerdings Dr. Fischer aus
Zanzibar auf Grund einer Reise und Anknüpfung von Verbindungen
mit den europäerfreundlichen Wakuafis warm empfahl, würden sich
zu gleichem Zwecke vortrefflich eignen. Allein daß der Zugang zu
diesen Gebieten zumeist einen weiteren und beschwerlichen Marsch
ins Innere erfordert, daß zuvor jedesmal die ungesunde tropische
Niederung gekreuzt werden muß und überhaupt das Meer, das die
doch unerläßliche Verbindung mit dem Mutterlande zu unterhalten
hat, zu fern liegt, das mindert den sonstigen Werth jener gesunden
und üppigen Gegenden für deutsche Ackerbaucolonien sehr herab. Es
müssen sich hinsichtlich der Letzteren die Blicke immer wieder auf die

Gebiete der gemäßigten Zone und somit, da die der Nordhälfte der Erde insgesammt mehr oder minder vergeben sind, auf jene der Süd= hemisphäre richten. In dieser Hinsicht also kann man das Vor= gehen des Herrn Lüderitz nur als ein glückliches bezeichnen, selbst wenn das erwählte Terrain im Einzelnen manche üble Eigenschaften offenbaren sollte. Es erfüllt doch wenigstens die erste aller An= forderungen, die Deutsche an ein Auswanderungsziel zu stellen lieben und auch zu stellen gezwungen sind.

Wir haben also nun wohl die für uns begehrenswerthen Erd= gebiete aber auch ihre Grenzen gefunden. Da, wo in Südafrika und in Südamerika die gemäßigte Zone in die heiße übergeht, da ungefähr auch würden wir in unserer Einwanderung Halt zu machen haben.

Somit verbleibt also in beiden Continenten für andere Nationen Land genug, ja im Grunde das ganze Massiv derselben. Wer aber ist hier im Einzelnen erbberechtigt? Diese Frage scheint für den amerikanischen Continent ganz müßig zu sein. Denn dort besteht die Theilung schon und zwar bereits seit der Zeit der ersten Er= oberung des Landes durch die Europäer, auch basirt dieselbe im Allgemeinen auf normalen Verhältnissen, auf den natürlichen Thei= lungsprinzipien, indem die romanische Rasse die subtropischen und tropischen, die germanische aber die kühleren Gebiete occupirt hat.

Indes genauer betrachtet entspricht diese Abgrenzung noch nicht durchgängig den naturgegebenen Bedingungen. Sie muß und wird daher einmal noch eine Rectification erfahren, und dieser Umstand giebt uns das Recht, bei Besprechung einer „Theilung der Erde" auch dahinüber noch unser Augenmerk zu richten. Wo liegt aber denn nun dort der faule Punkt? Wo sind die Theilungsverhält= nisse noch unnatürliche? Diese Frage ist nicht schwer zu lösen.

Die nordamerikanische Union gilt bekanntlich für unsere Republik= schwärmer als ein Musterstaat, namentlich als ein fest gefügtes, in sich geeintes Ganzes, als ein Reich so zu sagen „aus einem Gusse". In Wahrheit aber ist dies eine grobe Täuschung. Schon mit dem

Bürgerkriege von 1863 hat sich dort ein durch den ganzen Rumpf hindurchgehender Spalt aufgethan. Und trotz aller Versuche war derselbe bisher nicht wieder zu schließen, vielmehr ist er nur immer weiter und klaffender geworden. Schon diese unleugbare Thatsache sollte die Vermuthung nahe legen, daß der Riß ein unheilbarer, weil aus natürlich begründeten Ursachen erwachsener ist. Und in der That liegt die Sache auch so. Die Bevölkerung der Vereinigten Staaten ist keine homogene, sie umfaßt zwei im Wesen scharf geschiedene Elemente, deren allmähliche Verschmelzung um so weniger möglich ist, als ihre Verschiedenheit auf localen geographischen Verhältnissen beruht, durch jene natürliche Grenze, von der wir sprachen, das Klima, verschärft wird. Die Union zerfällt in einen germanischen Norden und einen romanischen Süden. Diese prinzipiell gegebene Sonderung wird — darüber kann kein Zweifel bestehen — sich mit der Zeit auch immer stärker historisch geltend machen, wie sie dies schon bisher mehrmals gethan, und endlich zu einer völligen und bleibenden Separation führen.

Das romanische Element wird dann in Amerika herrschen vom 40. Gr. s. Br. bis etwa zum 40. Gr. n. Br., das heißt über das ganze tropische und subtropische Gebiet des Continents hinweg, oder vom Rio Negro an der patagonischen Nordgrenze bis zum Arkansas im Herzen der jetzigen Union.

Damit wird die letztere allerdings nahezu die Hälfte ihres gegenwärtigen Besitzstandes einbüßen, indes die damit eingeleitete naturgemäßere Theilung des Continents wird doch auch ihr wieder Nutzen bringen, nicht allein insofern, als die germanische Rasse nach Abstoßung der heterogenen Südstaaten sich freier und einheitlicher wird entwickeln können, nein, es wird ihr dann auch durch den Hinzutritt von Canada, das ihr naturgemäß gehört, im Norden ein reicher Ersatz werden für das, was sie auf der anderen Seite eingebüßt hat. Die famose Monroe-Doctrin wird also ihre überschwenglichen Ansprüche noch weiter modifiziren müssen, nämlich bis zu der Forderung: das Nordamerika der gemäßigten und kalten Zone den Nordamerikanern, ein Satz, der dann allerdings auch die Gewißheit dereinstiger Erfüllung in sich trägt, wie selbst einsichtsvolle Engländer mit Rücksicht auf die Geschichte der Befreiung Nordamerikas, deren Nachspiel die Befreiung Canadas sein wird, zugeben.

Indes diese Verschiebungen in der neuen Welt drüben stehen, wenngleich in sicherer, doch noch in weiter Aussicht. Viel brennender ist die Sachlage in Afrika. Denn hier ist fast das ganze ungeheure Gebiet noch herrenlos. Zudem stellt dieser Continent, von verschiedenen größeren oder kleineren Inseln abgesehen, auch die einzige Landmasse dar, die auf der Erde überhaupt noch zu vergeben ist. Folglich muß der Wettkampf der Nationen hier am stärksten auflodern. Die „Theilung der Erde" beschränkt sich im Grunde auf die Theilung Afrikas.

Wer aber hat hier, nachdem wir dem deutschen Element seinen Bezirk zugewiesen, die meisten natürlichen Rechte? Doch entschieden jene Rasse, die nach der germanischen in der großen Culturarbeit die bedeutendste Rolle spielt, die romanische, und diese um so mehr, als ihre Glieder im Allgemeinen auf dem Nordrande des Mittelmeeres sitzen, also das in Frage kommende Theilungsobject sich gerade gegenüber haben. Unverkennbar kommt den Romanen bei dem großen Theilungswerke nach natürlichem Rechte ihre räumliche Nachbarschaft zu Gute.

Aber die Größe der Ansprüche ihrer einzelnen Stämme muß je nach der culturellen Leistungsfähigkeit derselben verschieden sein. In erster Linie hat entschieden Frankreich, das hinsichtlich physischen und geistigen Vermögens unter den Romanen dieselbe Stellung einnimmt, wie gegenwärtig Deutschland unter den Germanen, ein Recht darauf, zur Geltung zu kommen.

Allerdings dasselbe scheint zur Zeit sein Heil anderwärts, in Ostasien, zu suchen. Aber, abgesehen von der großen Entfernung jenes Gebietes von seinem heimischen Terrain, dürfte doch dort Frankreich wenigstens zu einer ausgedehnteren territorialen Entwicklung kaum jemals gelangen. Schon der Verlauf seines gegenwärtigen

Krieges mit China sollte es darüber aufklären. Es findet dort einem Factor sich gegenüber, gegen den selbst die fortgeschrittenste Taktik auf die Dauer nicht aufkommen kann, das ist die numerische Uebermacht. Was nützen die glänzendsten Siege, wenn an Stelle von hingemähten Legionen schon am nächsten Tage andere Tausende stehen, den Köpfen der Lernäischen Hydra gleich, die stets wieder nachwuchsen, wenn sie Hercules abgeschlagen? Wir Europäer verfügen nicht über die ungezählten Schaaren der Asiaten, und darum müssen unsere durch eine überlegene Kriegskunst dort erreichten Siege doch schließlich Pyrrhussiege werden. Wenn heutzutage die Kriege den Charakter von Erschöpfungskriegen angenommen haben, so steht unsere Waagschale schlecht gegen die ihrige. Das ist es ja auch, was uns einen Krieg mit Rußland fürchten läßt. In offener Feldschlacht, diese Hoffnung legt schon die Geschichte des letzten türkischen Krieges nahe, würden wir wohl gewinnen, aber bei der dann nöthig werdenden Verlegung des Kriegsschauplatzes ins Innere müßte der immer massenhafter gegen uns entfesselte Menschenstrom in Verbindung mit der Unwirthlichkeit des Terrains uns erdrücken. Dieselbe Gefahr wird England laufen bei einem wirklichen centralen Aufstand in Indien, und Frankreich ist schon jetzt durch die nämlichen Uebelstände in unabsehbare Bedrängnisse gerathen.

Diese Thatsache sollte ihm zeigen, was es zu erwarten hat, wenn es, wie es Willens scheint, in Hinterindien ein größeres Kolonialreich begründet. Schon jetzt ist China einem Riesentopfe zu vergleichen, dessen überquellende Menschenmasse sich, alle anderen Rivalen langsam zwar aber sicher zur Seite schiebend, über die nahebei belegenen Gebiete ergießt. So beträgt die Zahl der Kulis allein auf Sumatra nicht weniger als 40 000 und das Häuflein der Europäer, das dort kaum 400 zählt, erscheint dem gegenüber ernstlich gefährdet. Die Klagen aus Nordamerika und Australien über die Henschreckenplage der Chinesen sind bekannt. Die Gebiete aber, die Frankreich jetzt Miene macht sich einzuverleiben, liegen dicht an China, ja sind zum Theil schon von ihm überfluthet. Wenn aber, was nicht aus-

4

bleiben wird, das chinesische Volk einmal aus der Lethargie erwacht, in der es jetzt noch immer darniederliegt, wenn es unter Zuhilfe= nahme der ihm gewordenen so reichen mechanischen Talente einst ganz und voll sich die europäische Cultur zu eigen macht, dann dürften ihm keine Dämme mehr in seiner Nähe widerstehen, und das französische Hinterindien ohne Zweifel das nämliche Schicksal er= leiden, dem einmal das englische Vorderindien durch eine ähnliche Totalerhebung der zahllosen eingeborenen Indier zum Opfer zu fallen alle Aussicht hat.

Es mag also Frankreich zur Sicherung seines Handels in Ost= asien sich dort eine Anzahl fester Positionen sichern, was ja auch Deutschland an den verschiedensten Punkten der Erde zu thun nur gerathen werden kann, trotzdem daß wir ihm eine ausgedehntere Niederlassung nur für bestimmte Räume empfehlen konnten. Den Schwerpunkt seiner überseeischen Expansion aber sollte Frankreich doch nicht dort, sondern in dem ihm außerdem so nahen Afrika suchen.

Und dies um so mehr, als es ja hier seine Hebel bereits an zwei besonders bedeutsamen Punkten eingesetzt hat, in Algerien und am Senegal. Jede von diesen beiden Besitzungen erschließt ihm eine weite Aussicht, und zwar auf die zwei Dinge, die jede colonisirende Macht stets zusammen im Auge haben sollte, auf culturelle Arbeit, aber auch auf colonialen Gewinn. Im Sudan wie in Algerien liegen noch unermeßliche Schätze unbehoben, aber es ist auch in beiden die Culturarbeit kaum begonnen. Erfaßt Frankreich diese letztere aber erst einmal in ihrem vollen Umfange, geht es in Wirklichkeit an die allerdings große aber gewiß nicht unlösliche Aufgabe, die Sahara zu erschließen und wegsam zu machen, und so jene seine beiden Be= sitzungen zu verbinden, so wird ihm einst auch ein Reich gehören, das sowohl nach Ausdehnung wie Ergiebigkeit ein wahres franzö= sisches Indien genannt zu werden verdienen würde.

So groß aber auch das damit Frankreich zufallende Stück Afrika wäre, so würde doch daneben das zur Zeit bekanntlich sich tief ver= letzt fühlende und so von Eifersucht auf den gallischen Nachbar er=

füllte Italien noch Platz zur Ausdehnung genug finden. Mit Recht
richtet es jetzt, mit einer Art von stillem Verzicht auf das westlichere,
von dem starken Nachbar ins Auge gefaßte Afrika, sein Auge nach
dessen Osten, nach den abessinischen Ländern, sowie den Gebieten
der Galla und Somali. Gewiß bietet sich ihm in diesen und den
angrenzenden Bezirken auch noch eine große und lohnende Aufgabe.
Aehnlich wie Frankreich den Westsudan, sollte es darauf ausgehen,
den Central= und Ostsudan sich zu erschließen. Rohlfs hat seiner
Zeit mit vollem Rechte darauf aufmerksam gemacht, wie verhältniß=
mäßig leicht eine Bahn auf der viel begangenen Route von Tripolis
über Murzuk nach dem Tsadsee herzustellen wäre und welch unge=
heurer Handelsentwicklung aus dem Innern Afrikas heraus nach
dem centralen Mittelmeere hin damit Bahn gebrochen würde. Vom
Tsadsee aus aber würde sich der italienische Einfluß mit der Zeit
unschwer über die östlich angrenzenden Gebiete, Wadai, Darfur und
die Länder des oberen Nils, sowie von da, uralten Handelspfaden
folgend, nach dem indischen Ozean ausdehnen lassen.

So würde sich also auch für Italien von der ihm gegenüber
liegenden nordafrikanischen Küste aus eine großartige Entwicklung
erreichen lassen. Beide mächtige Reiche, in die so im Wesentlichen
die ganze Nordhälfte von Afrika zerfiele, das französische Indien im
Westsudan, und das italienische Indien im Ostsudan, würden aber
eines mächtigen Aufblühens nur um so sicherer sein, als sie beide
im Süden sich mit dem zukunftsreichsten Gebiete afrikanischer Erde,
dem Congostaate, berührten, welcher sich ja in der Folge unzweifel=
haft über das ganze Flußgebiet seines Stromes, also nördlich bis
zu den Wasserscheiden des Binue, Schari und Nils, südlich aber
bis zu jener des Zambesi, sowie östlich über den Tanganjika=See
hinweg selbst bis nach dem indischen Ozean ausbreiten dürfte.

Zwei romanische Nationalitäten scheinen dabei freilich zu
kurz wegzukommen, die Spanier und die Portugiesen, die doch,
rein local angesehen, in noch höherem Grade als die Franzosen
und Italiener Adjacenten des schwarzen Erdtheils sind, da sie über

4*

die Meerenge von Gibraltar hinweg fast mit demselben zusammen-
stoßen.

Indes dürfte es nicht schwer sein, auch die Aufgabe zu finden,
die für diese beiden Völker gegeben ist. Zunächst müssen wir bedenken, daß ein Stück von dem großen, für Frankreich in Anspruch
genommenen Westflügel Nordafrikas, Marokko, durch das Atlas-
gebirge fast ganz von seinem Hinterlande abgetrennt wird. Dies
Stück Erde, nahezu so groß, aber ungleich besser beanlagt als
Spanien, dürfte dem letzteren, dem es so nahe liegt, kaum abzu-
sprechen sein.

In der That sind denn die Spanier in der neuesten Zeit tapfer
dahinter her, dies ihr zukünftiges Erbtheil zu besehen und zu unter-
suchen, und es ist nur zu wünschen, daß sie recht bald in die Lage
kommen, das herrliche Stück Erde, das mit seinen weiten Flächen
besten Bodens, die zur Zeit zum größten Theile noch brach darniederliegen, eine wahre Kornkammer für die vielfach so sterile pyre-
näische Halbinsel sein könnte, endlich auch wirklich der lange fern
gehaltenen Cultur zu erschließen. Die Aussichten hierzu sind zur
Zeit für Spanien keine ungünstigen. Der bisherige Besitzer schwächer
denn je, nur noch mühsam von Tag zu Tag so zu sagen seine Ge-
waltherrschaft über das arme, ausgesogene, murrende, bald da bald
dort rebellirende Volk mit einer Hand voll elendester Soldateska
weiterfristend, von den beiden allein in Frage kommenden Mitbe-
werbern, England und Frankreich, das erstere in Ägypten wer weiß
wie lange noch gefesselt, das letztere aber in Folge der Annexion von
Tunis kaum berechtigt, einen Einwand zu erheben, wenn andere
Mittelmeermächte auch ihre Hand nach den nächstliegenden Bissen
ausstrecken — wahrlich, es kann nicht Wunder nehmen, wenn da
unsere Freunde jenseits der Pyrenäen zusehends kühner werden.

Aber sollen denn die beiden Nationen, von denen einst die
großen Entdeckungen ausgingen, sie, die seiner Zeit einen großen
Theil von drei Continenten, von Amerika, Asien und Afrika, ihr
Eigenthum nannten, deren Schiffe insonderheit die ganze große Küsten-

linie Afrikas seit der Zeit der Phönizier zuerst umfahren und für
die Welt bloßgelegt haben, an Afrika weiter keinen Antheil haben?
Nun, es ist bekannt, daß namentlich Portugal wiederholt und noch
vor Kurzem auf Grund historischer Rechte weitgehende Ansprüche an
die afrikanische Erde erheben wollte. Es ist ihm aber dies und zwar
unter dem Beifall der ganzen übrigen Welt von Deutschland ver-
wehrt worden. Die Zeiten haben sich nur zu sehr geändert. Beide,
Spanien und Portugal, ehemals weltbeherrschende Mächte, sind durch
eigene Schuld zu Staaten zweiten Grades herabgesunken, und ihre
Schwäche hat sich gerade in der Geschichte der Erschließung Afrikas
nur allzu deutlich gezeigt. Beide haben es bezüglich der ihnen noch
von früher her gehörigen Liegenschaften fast ganz bei rein nomineller
Herrschaft bewenden lassen. Spanien besitzt lange schon die Insel
Fernando Po; es hat nicht einmal dieses winzige, aber so herrliche
Stück Erde auszunützen vermocht, geschweige denn, daß es vom
nahen Kamerungebiete aus sich Handelswege ins Innere gebahnt
hätte, was so leicht gewesen wäre; Portugal sodann nennt unterhalb
des Congo und auf der andern Seite des Continents am Zambesi
ungeheure Landmassen sein Eigenthum. Aber von der flauen Unter-
haltung eines geringen Handels abgesehen thut es nicht das Ge-
ringste für diese so aussichtsvollen Landmassen. Unser großer Staatsmann wußte also wohl, was er that, als er Portugal energisch von
dem Versuch, auch noch des linken Congo-Ufers sich zu bemächtigen,
zurückhielt.

Portugal hat mehr als genug zu thun, wenn es seine afrikanischen Colonien, die jetzt todt darniederliegen, zu einigem Leben
erwecken will. Ja es dürfte angesichts seiner geringen Mittel wohl
am Besten thun, wenn es sich auf die Besitzungen an dem Westgestade, die Loanda-Küste, beschränkte, auf diese seine Kräfte conzen-
trirte und von da aus sich nach dem reichen Innern weiter zu entwickeln suchte, seine Titularherrschaft an der Ostküste aber ganz oder
theilweise an Spanien abträte. Namentlich würde es außerordentlich angezeigt erscheinen, wenn die Küste von Mozambique endlich

in eine kräftigere Hand käme. Denn das dortige Hinterland nach dem Njassa=See hin, das von einer verhältnißmäßig civilisirten ein= geborenen Bevölkerung bewohnt, von lebhaft begangenen Handels= wegen durchschnitten wird, und von tropisch heißer Niederung bis zu kühlem, ja schneetragendem Hochland sich erhebt, dürfte einen der verheißungsvollsten Theile von ganz Afrika darstellen.

Uebrigens würde der hispano=lusitanischen Rasse, wenn sie so das Gebiet südlich vom Congo realiter in Besitz nähme, die Nähe des zukunftsreichen Congostaates ebenso zu Gute kommen, wie den Franzosen und Italienern; dazu würde noch die Berührung mit dem deutschen Zukunftsstaate im Süden sich gesellen, die sich eben= falls als vortheilhaft erweisen müßte. Der Congostaat aber würde hier wieder einen nicht zu unterschätzenden Dienst leisten, nämlich die Romanen im Norden und Süden Afrikas auseinanderhalten und so eine Entwicklung in friedlicher Weise begünstigen helfen. —

Nach unserer bisherigen Darstellung würde in Afrika nur Raum sein für die west= beziel. mitteleuropäischen Nationen, die des Ostens aber hätten an dem dortigen großen Erschließungswerke keinen Antheil zu nehmen. In der That ist dies auch als einer der Hauptgrundsätze für die „Theilung der Erde" festzuhalten. Die Völker in der Osthälfte unseres Erdtheils sollen auch nach keiner anderen Richtung hin gravitiren, weil die ihnen angenscheinlich zu= gemessene Culturarbeit eben nur ostwärts von ihnen liegt, eine Machterweiterung ihrerseits aber nach irgend einer anderen Seite hin stets schädlich sein würde.

Um zu diesem allgemeinen Satze nun auch noch eine etwas speziellere Präzisirung der Aufgabe der slavischen Welt bei dem kos= mischen Culturwerke zu fügen, so muß zunächst daran erinnert werden, daß die Slaven allerdings das dritte große Element der europäischen Bevölkerung, damit aber doch nicht zugleich, ebensowenig wie ein politisch geeintes Volk, eine essentiell einheitliche Rasse darstellen. Die Unität des Slaventhums spukt lediglich in den Köpfen der panslavistischen Phantasten. In Wirklichkeit unterscheidet sich, von

der gleichen Religion und einigen Aehnlichkeiten der Sprache abge=
sehen, beispielsweise ein Montenegriner oder ein Bulgare von einem
echten Altrussen vom Newastrande nicht weniger, als ein Italiener
von einem Engländer, und ein einiges Slavenreich herstellen zu
wollen, wäre ein kaum weniger thörichtes und vergebliches Beginnen,
als etwa die Deutschen und Franzosen wieder so unter einen Hut
bringen zu wollen, wie sie es noch vor tausend Jahren unter Karl
dem Großen waren.

Auch durch die slavische Welt geht ein wenngleich erst geschicht=
lich gewordener aber darum doch nicht minder unausfüllbarer Riß.
Die Nordslaven, die Russen, heben sich scharf ab von den verschie=
denen kleineren Stämmen auf der Balkanhalbinsel, die man unter dem
Namen Südslaven zusammenfaßt. Wohl sind beide Theile oft Hand
in Hand gegangen, aber in Wahrheit hat die Politik hieran mehr
Antheil gehabt als das Herz. Rußland hat die Südslaven als
Sturmböcke benutzt gegen die morschen Mauern des osmanischen
Staatsgebäudes und jene wieder haben sich ihrer nordischen Freunde
als Deckung bedient, wenn der ergrimmte Türke Miene machte, die
wiederspenstigen Unterthanen endgiltig niederzuwerfen. Im Ernste
haben weder die Russen jemals daran gedacht, die südslavischen
„Brüder“ als sich gleichberechtigt zu betrachten, noch die Südslaven
die Absicht gehabt, Russen zu werden, die ersehnte oder bereits er=
kämpfte Selbständigkeit wieder zu Gunsten eines Aufgehens in das
Zarenreich fahren zu lassen.

Nordslaven und Südslaven sind zwei scharf geschiedene Elemente
und haben daher auch verschiedene civilisatorische Aufgaben.

Was zunächst die Letzteren angeht, so kann ihre Bestimmung
keinen Augenblick zweifelhaft sein. Sie liegt da, wo bereits ihre
gegenwärtigen Wohnsitze sind, im Centrum der Balkanhalbinsel.
Dieses wunderbare Stück Erde, ebenso landschaftlich reizend wie
fruchtbar und reich, in beider Hinsicht eins der bestbeanlagten Länder
von ganz Europa, zur Zeit aber zum größten Theile noch unerschlossen,
der vollen Cultur zuzuführen, das ist die Aufgabe der Südslaven.

Freilich sie haben bisher in dieser Hinsicht noch wenig geleistet. Statt Hand in Hand zu gehen, haben sie sich unter einander befehdet, oder doch einen Mangel an Initiative und productiver Fähigkeit bekundet, der es zu keinem wahren Fortschritte kommen ließ. Es darf nach alledem wohl der Beweis als erbracht angesehen werden, daß die Südslaven allein das große Culturwerk, das ihnen zugefallen, nicht durchführen werden. Sie müssen zuvor ihrer Zersplitterung entrissen, aus ihren Träumen, die sie nur allzu sehr sich mit Politik befassen und bereits zu bedenklichen revolutionären und communistisch-nihilistischen Ideen versteigen ließ, zu rechter Arbeit aufgerüttelt werden. Diesen wichtigen Dienst aber kann ihnen nicht das ferne, selbst kaum halb civilisirte und namentlich an ähnlichen Fehlern krankende Rußland, sondern nur das benachbarte, hoch entwickelte, trotz aller ostentiösen Deutschfeindlichkeit der Mehrzahl seiner einzelnen Glieder doch von deutschem Geiste getragene und gehaltene Oesterreich leisten. Bereits hat dasselbe auch diese seine Aufgabe zu erledigen begonnen. Denn dies war die wahre und tiefste Bedeutung der Annexion von Bosnien und der Herzegowina. Schon jetzt verbreitet sich von da aus der österreichische Einfluß von Tag zu Tag nach allen Richtungen hin mehr, und wenn erst die projectirten sogenannten Orientbahnen, die der Türke in instinctiver Erkenntniß ihrer für ihn verhängnißvollen Bedeutung gern unausgebaut lassen möchte, vollendet sein werden, dann wird mit denselben Oesterreich das schöne Erbe der alten Byzantiner wie mit starken ehernen Freiersarmen umklammern und in der That der Herr der Balkanhalbinsel sein.

Die großartige Entwicklung, die die letztere dann finden dürfte, wird aber nicht bloß ihr selbst, sondern im Rückschlage auch Oesterreich und Deutschland, ja ganz Mitteleuropa zu Gute kommen. Durch dieselbe wird das gegenwärtig an allen Orten und Enden bedrohte England einen neuen Stoß erleiden; die Schienenstränge, die bis jetzt, als Sackbahnen vom Meer ins Innere, vorzugsweise englische Waaren dahinein trugen, werden dann gerade umgekehrt aus dem

Herzen Europas heraus nach dem Meer der Levante führen und den alten wichtigen Handel der letzteren zu einem guten Theil in deutsche Hände legen.

Wir sehen, Oesterreich ist in der glücklichen Lage, ein reiches und lohnendes Arbeitsgebiet dicht vor seinen Thoren zu haben, und braucht nach einem solchen nicht erst aufs Ungewisse hin an fernen über= seeischen Küsten zu suchen. Das war auch die letzte und höchste Bedeutung des Wortes von Bismarck, als er ihm 1866 den Rath gab, seinen Schwerpunkt nach Osten zu verlegen. An Stelle des alten deutschen Bundes, für dessen Führung Oesterreich schon viel zu sehr fernab vom Centrum lag, und welche auch vielmehr den straffen norddeutschen Geist erheischte, wird Oesterreich dereinst einer Föbera= tion in dem balkanischen Lande präsibiren, das merkwürdigerweise ja auch in seiner Bodengestaltung vielfache Aehnlichkeiten mit unserem Vaterlande aufweist.

Füglicherweise müßten wir nun auch noch von Rußland sprechen. Aber dasselbe hat sich selbst schon seit langem sein Ausbreitungs= gebiet gesucht. Wer sollte auch anders wahrhaft prädestinirt er= scheinen für die ungeheure Aufgabe, die weiten, rauhen Einöden des inneren Asiens, diese Tummelplätze uralter Völkerschaften, diese Stätten, die von den ältesten und größten Handelswegen vor Jahr= tausenden schon durchzogen waren, wo Perser und Chinesen, Inder und Mongolen sich kreuzten, Seide von den Gestaden des stillen Ozeans und Erze vom Kaukasus und Altai zum Austausch gelangten, dem modernen Verkehre, dem sie durch die furchtbare Barbarei der dortigen Räubervölker fast schon seit den Zeiten des Venetianers Marco Polo entzogen waren, zurückzugeben, als das russische Volk, das noch genug Asiatisches an sich hat, um den dortigen Eingeborenen sympathischer zu erscheinen, als irgend eine andere europäische Nation, und das durch die Art des eigenen Landes an das excessive Klima und die ganze Steppennatur wie ebenso auch an die ungeheuren Dimensionen jener Territorien gewöhnt ist?

Ihm wird für all die saure Mühe immer mehr auch der Lohn

werden, die Landverbindung der Wunderländer China und Indien mit dem Abendlande in der Hand zu haben und die Schienenstränge, die dereinst wenn auch spät aber doch ganz gewiß Ostasien mit den Hinterländern bis an Europas Grenzen hin verbinden werden, werden russische Bahnen sein. —

Somit wäre unsere Darlegung an ihrem Ende angekommen. Doch halt, haben wir nicht England übersehen? Nun, wir könnten das damit entschuldigen, daß eine Macht, die bereits einen wesentlichen Theil der Erde an sich gerissen hat zum nicht geringen Nachtheil der übrigen Concurrenten, es kaum übel vermerken könnte, wenn sie bei einer Theilung des Restbestandes gar nicht mehr Berücksichtigung fände. Wir wären also somit wohl im Rechte, wenn wir England bei unserer Besprechung ganz übergingen. Wir berühren dasselbe zum Schluß aber doch noch kurz, freilich nicht, um ihm etwa noch, wie es wohl möchte, den Löwenantheil zuzuerkennen, sondern um im Gegentheil darauf hinzuweisen, wie leicht sich an ihm über kurz oder lang die alte Wahrheit erfüllen könnte, daß, wer Alles haben will, leicht schließlich gar nichts hat.

Diese Worte sind nicht etwa dictirt von dem in Deutschland und nicht ohne Grund weit verbreiteten Engländerhaß, nein, man weiß, daß, Raben gleich, die unglückverkündend auf dem Firste eines stolzen Palastes ihre krächzende Stimme erschallen lassen, schon wiederholt Engländer selbst, und zwar hochgebildete und scharfsichtige Leute, aus der Fülle des englischen Reichthums heraus den Niedergang ihres Volkes prophezeit haben.

Es ist nicht Mißgunst also, was Englands Zukunft in düsterem Lichte sieht; nein, Englands Gebahren legt uns selbst solche Weissagungen in den Mund.

England hat seit lange schon und bis in die allerjüngste Zeit herein einen schweren und verhängnißvollen politischen Fehler begangen. Es hat sein Besitzthum in einer Weise anwachsen lassen, die in keinem Verhältniß zu seiner Kraft stand. Ein solches Verfahren rächt sich schon im kleinbürgerlichen Leben. Ein Landwirth, der immer mehr Aecker zusammenkauft, ohne daß sich zugleich auch seine Betriebsmittel vermehren, wird endlich zu Grunde gehen müssen.

Man wird nun zwar auf die gewaltige englische Flotte, die stärkste der Erde, hinweisen. Aber gerade sie, die der Stolz und die Zuversicht John Bulls ist, erinnert genugsam an seine Achillesferse. Wir wollen nicht davon reden, daß in dieser Flotte durchaus nicht Alles so mustergiltig sein soll, wie man bisher überall geglaubt hatte, auch nicht davon, daß in kurzer Zeit schon Frankreichs Kriegsmacht zur See die britische unzweifelhaft erreicht haben dürfte, daß die letztere auch jetzt schon dem combinirten Angriffe zweier Seemächte nicht mehr gewachsen ist, nein, wir wollen nur darauf hinweisen, daß auch die größte und beste Flotte der Erde schließlich einen stetig und ins Unendliche hinein gesteigerten, überall zerstreuten Besitz nicht mehr zu halten im Stande sein dürfte.

Und selbst wenn eine solche alle Küstenpartien zu vertheidigen vermöchte, so wird sie doch für Kämpfe weiter im Innern der Besitzungen nichts zu thun im Stande sein. Dazu gehört ein Landheer. Ein solches besitzt England nach Aller Zeugniß so gut wie gar nicht. Und wollte es sich ein solches schaffen, so erfordert das, selbst angenommen, was noch zweifelhaft erscheint, daß die englische Bevölkerung mit der so stark ausgeprägten Individualität des Einzelnen, die der strengen Uniformität unseres modernen Heerwesens schnurstraks entgegenläuft, dazu befähigt sein sollte, doch Jahrzehnte angestrengter Arbeit. Unsere modernen Armeen sind Resultate einer langen, mühsamen Thätigkeit, und leichter kann man einen Eichenwald in wenig Wochen wachsen lassen, als ein schlagfertiges Heer in wenig Jahren erzielen.

Die Zeit aber, wo England zur Behauptung seiner Besitzungen ein Landheer und nicht mehr nur eine Flotte nöthig haben wird, wird nicht ausbleiben. Es werden Angriffe von außen und von innen kommen. Bereits rückt Rußland Indien, der Hauptquelle englischer Herrlichkeit, mit erschreckender Consequenz immer näher. Aber drohender noch müssen vielleicht die kaum weniger nahe liegenden

Gefahren der Aufstände und Abfallsversuche der betreffenden einge=
borenen Bevölkerungen genannt werden. England ist hier in den
Fehler Karthagos verfallen. Es hat dieselben nur mit Gewalt nieder=
gehalten, nicht aber vermocht, sie sich freundlich zu stimmen, oder
gar mit sich zu verschmelzen. Gerade so hat einst auch die Stadt
der Punier gehandelt. Die Berber des Hinterlandes wurden von
ihr ausgenutzt, im Uebrigen aber blieben sie ihr fremd und fern.
Als dann die Römer kamen, die es verstanden hatten, die Italiker
mit der eigenen Nationalität zu verschmelzen, fanden sie daher Kar=
thago isolirt, ja die Hinterlande gern bereit, sich mit ihnen gegen
jenes zu verbinden. So ist schon damals der engherzige, selbstsüch=
tige Krämergeist gegen eine weitherzige, kluge und humane nationale
Politik unterlegen. Leicht kann die Zukunft ein zweites Beispiel
dazu liefern, und namentlich Indien legt solche Befürchtungen nahe.

Denn nicht allein, daß seine Bevölkerung, rein physisch ange=
sehen, mit ihrer ungeheuren Zahl, die 300 Millionen Köpfe über=
steigt, eine furchtbare Macht darstellt, diese letztere wird noch durch
die hohe Begabung beziehentlich Geistesbildung des indischen Ele=
ments außerordentlich erhöht. Diesen Thatsachen gegenüber müßte
es schon unerklärlich erscheinen, wie sich bis jetzt die auf eine höchst
mittelmäßige, nur etwa 75 000 Mann, von denen noch dazu zwei
Drittel Eingeborene sind, umfassende Soldateska gestützte englische
Herrschaft behaupten konnte, wenn man nicht wüßte, daß daran nicht
diese höchst ungenügende Militärmacht, überhaupt nichts, was von
England ausgeht, sondern die Uneinigkeit des indischen Volkes in
Verbindung mit einer gewissen Passivität seines ganzen Wesens das
Hauptverdienst hätte.

Aber das kann und wird nicht immer so bleiben. Es müßten
ja die Männer vom Indus und Ganges nicht unsere Stammver=
wandten sein. Sie haben unsere Zerrissenheit und politische Er=
niedrigung durchgemacht, sie werden einst auch eine Erhöhung erfahren,
wie sie uns bescheert war. Bereits jetzt fängt der nationale Gedanke
im heiligen Lande des Brahma an, den Geist der Kleinstaaterei, der

auch dort sein Unwesen getrieben, den engherzigen Particularismus, der in den Duodezstaaten der verschiedenen Radschas, der eingeborenen Fürsten, groß gezogen worden, zu überwuchern. Junge begabte Inder besuchen europäische Bildungsanstalten und liefern dem in aller Stille heranwachsenden Jungindien das entsprechende Material. So wird also auch hier kommen „der Tag, wo das heilige Ilion hinsinkt", wo das geeinte, erwachte und gereifte Indien das englische Joch abschüttelt nicht anderes, wie ein edles Roß den halbwüchsigen Knaben auf seinem Rücken durchgehend zu Boden schleudert, nach= dem es erkannt, daß es nicht der gewohnte starke Mann ist, der die Zügel führt.

Zu den dräuenden Gewitterwolken, die so an Altenglands Himmel drüben im fernen Osten aufsteigen, kommen aber noch die Schwierig= keiten, die ihm am eigenen Herde erwachsen. Man kennt ja die fressende Beule am britischen Leibe, die irische Angelegenheit. Man weiß, daß die Bewohner der grünen Insel ehemals noch mit einer entsprechenden Aufbesserung ihrer in der That elenden Lage zufrieden gewesen wären und höchstens noch nach einer Art Autonomie unter Englands Oberherrschaft trachteten. Heute gehen sie ausgesprochener= maßen auf völlige Losreißung von der Nachbarinsel aus. Und so erscheint selbst die Integrität des europäischen Britanniens gefährdet.

Endlich steht auch das Heiligste, was ein englisches Herz in sich trägt, das Dogma von der Unangreifbarkeit Englands in Folge seiner insularen Lage, bisher von der ganzen Welt acceptirt und nachgebetet, nicht mehr unangezweifelt da. Es ist dieselbe Sache, wie mit den mittelalterlichen Raubrittern. Diese, die so lange die Wege unsicher gemacht und die Karawanen geplündert hatten, waren verloren, als die Geschütze bis hinauf auf ihre Zinnen reichten. England hat auch auf seinen Inseln wie in einer Naturfestung gehaust und von da aus durch Monopolisirung des Welthandels eine Art Wegelagerei getrieben, bis ein ganz kleines, unscheinbares Ding, Torpedo genannt, die Idee von der Unnahbarkeit dieser maritimen Trutzburg erschütterte. Die Zeit der Herrschaft der Flotten, der Panzerkolosse und Thurm=

schiffe, dieser schwimmenden Raubschlösser, und damit die Zeit der Inselreiche überhaupt ist vorbei, die Herrschaft der Landarmeen und damit der Continentalmächte ist gekommen.

Ueberblicken wir das Alles noch einmal, so muß uns England, das bisher so gefürchtete, bewunderte und beneidete, dessen Vasallen mehr und mehr alle Mächte werden zu wollen schienen, wie eine große Stadt vorkommen, in der es an vier Ecken brennt, während doch nur eine kleine Handspritze da ist zum Löschen.

Fragen wir aber, seit wann die somit geschilderte große Schwäche Englands der Welt zum erstenmal voll und ganz zum Bewußtsein gekommen, so müssen wir sagen — und damit sind wir unvermerkt wieder bei dem angekommen, was wir zuerst als Verdienst unserer gegenwärtigen deutschen Colonialpolitik hingestellt hatten — mit unserem Vorgehen in Westafrika. Dieser kühne Eingriff in die ver- meintlichen Rechte Englands, dieses ungenirte Vorgehen, ohne zuvor erst bei ihm anzufragen, dieses herausfordernd dicht neben ihm sich Niederlassen, dem gegenüber sich der britische Leu erst laut knurrend kund gab, um allmählich doch wohlweislich wieder zu verstummen, unvermögend, seine Pranke zum vernichtenden Schlage zu erheben — diese kurzen Vorgänge sind zu hochdramatischen, weltgeschichtlichen Thatsachen geworden. Gewiß, die thönernen Füße des ehernen Co- losses waren schon da, aber die deutsche Politik hat die lange und geschickt übergehangene Hülle weggezogen und die wahre Sachlage kundgegeben. Die Welt hat erkannt, daß das britische Privile- gium ungestraft angetastet werden kann. Wie von einem Banne befreit athmet sie auf. Der kosmische Schlagbaum ist festgenagelt und das Terrain für eine allgemeinere gedeihliche Entwicklung frei gelegt.

Das ist das große negative Verdienst der neuesten Bismarck- schen Politik. Aber auch ein positives soll sich, wie wir gleichfalls schon betonten, daran anschließen. Wie bekannt, hat das Deutsche Reich die Initiative ergriffen, um bei dieser Gelegenheit die Sache der überseeischen Besitzungen, beziehentlich Afrikas, um das es sich ja

faft allein noch handeln kann, völkerrechtlich zu regeln. Diesem Vor=
gehen liegt, man kann es nicht anders sagen, etwas Socialdemokra=
tisches, wohlverstanden, etwas von den wahren Lehren und berechtigten
Forderungen jener Partei, zu Grunde. Die Annexion herrenloser
Gebiete soll nicht mehr — damit schiebt unser großer Kanzler, nicht da=
mit zufrieden, Englands bisherige Colonialstellung erschüttert zu haben,
seinen Gelüsten auch für die Zukunft einen Riegel vor, schlägt es
wie vorher in praxi, nun auch noch theoretisch — der Willkür über=
lassen sein, sondern sich nach der Kraft und Bedeutung des Staates
regeln. Das klingt doch unverkennbar an den Satz an: das Capital
soll nicht mehr allein berechtigt sein, sondern die Arbeit neben ihm
ihre Würdigung und ihren Lohn finden. So erscheint der große
deutsche Staatsmann nicht nur als der unparteiische Makler, wie er
sich selbst genannt, sondern auch als eine Art Lehrmeister und Re=
formator der Welt.

Wenn wir aber dieses Verdienst der eben inaugurirten deutschen
Colonialpolitik schon früher betonten, so wollen wir zum Schlusse
noch auf eine der Seiten derselben hinweisen, die kaum noch von
Jemand bisher beachtet wurde.

Unser Vorgehen in Afrika ist, weit davon entfernt, wie Manche
behaupteten, von kriegerischen Intentionen eingegeben oder von krie=
gerischen Verwicklungen begleitet zu sein, ein eminentes Friedenswerk,
und zwar nicht eines beschränkten, sondern eines universellen Friedens,
eines Weltfriedens. Durch dasselbe ist eine Aera inaugurirt worden,
in welcher die europäischen Mächte, die sich vordem, zum Vortheil der
Uncultur im Auslande, zerfleischten, mehr als bisher ablenkende
Arbeit in der Ferne suchen und finden. Bismarck, der seiner Zeit
schon zum Segen Deutschlands eine Schwerpunktsverlegung, jene
Oesterreichs, anzurathen und zu bewerkstelligen wußte, hat nun zugleich
zum Segen für unsern ganzen Erdtheil von Neuem eine solche ange=
bahnt, die europäischen Völker von blutigem Bruderzwiste auf die
große überseeische Culturarbeit verwiesen. Er hat damit im vollsten
und schönsten Sinne Weltpolitik getrieben und so nur entsprechend

der Mission des deutschen Elementes gehandelt, das berufen ist, der Menschheit eine friedliche Leuchte zu werden.

Damit ist unsere kleine Darlegung zu ihrem Abschluß gekommen. Dieselbe kann, als von einem Laien in dem schweren Fache der Politik ausgehend, gewiß nicht darauf Anspruch machen, für die coloniale Sache irgendwie maßgebend zu werden, ebenso wenig wiegen wir uns in dem Glauben, daß alle unsere Aufstellungen unanfechtbar sind, wenngleich wir hoffen, daß wenigstens einige von ihnen sich als zutreffend erweisen werden.

Was wir vielmehr mit unserem Büchlein wollten, ist dies, für die neue deutsche Colonialpolitik, an die sich auf der einen Seite so übertriebene Erwartungen heften, während sie auf der anderen immer noch nur spöttischer Geringschätzung begegnet, im großen Publicum ein etwas besseres Verständniß anbahnen zu helfen. Sollte das uns auch nur in etwas gelungen sein, so würde unsere Arbeit ihr Ziel erreicht haben.

———

Druck von August Pries in Leipzig.

www.ingramcontent.com/pod-product-compliance
Lightning Source LLC
Chambersburg PA
CBHW022023080426
42733CB00007B/701